フランス語手紙の
12か月

改訂版

Lettres des quatre saisons

高山　晶
エマニュエル・ボダン
共著

白水社

装丁　森デザイン室
イラスト　牧かほり
レイアウト　黒田庸夫
俳句フランス語訳　ブリジット・アリュー

はじめに

　さあ，フランス語で手紙を書いてみましょう！ということなのですが...
　ひとくちに手紙といっても，これは何語で書いても同じですけれども，世の中にはじつにさまざまな手紙があります．法王様や大統領への書簡，ホテルの部屋を予約する手紙，お祝いの手紙やお悔やみ状，貸したお金の返済を求める手紙，相手を傷つけずに婚約を破棄する手紙（こんなお手本の出ている「模範手紙文の書き方」もあります），ファンレターにラブレター，お誕生祝いのカードにクリスマスカードや年賀状，奨学金を願い出る手紙から，旅先で家族や友人に送る絵はがき，お礼の手紙，お詫びの手紙，恐いものでは脅迫状，それから招待状に推薦状，「きみのこと忘れてるわけでもないんだよ」というサインの便り...　困ったことに，「一般的な」手紙なんて存在しないのです．

　そして今では，ファックスとメールという新手も加わりました．電話に押されっぱなしで分の悪かった，文字によるコミュニケーションが見なおされてきています．なかでもメールはとても便利なコミュニケーションの手段ですから，用件やその場の印象を簡潔に伝えるのには適しています．しかし用件のみではなく，もう少し複雑な状況や自分の感情，思いの丈をしっかりと伝えたいようなときのために，「スローな」コミュニケーションのあり方として，絵はがきやカード，あるいは便箋と封筒を選んで記念切手をはって投函する「手紙」復権の時代が来ているのではないでしょうか．

　もちろんメールのなかった頃のお話ですが...関が原の合戦前後だけで，徳川家康は160通の書簡を書いたそうです．源頼朝はわかっているだけで400通，モーツアルトは1,000通，ヴォルテールとなると20,000通，そしてわたしたちは，一生にいったい何通の手紙を書くのでしょう？そのなかに，「フランス語で書いた手紙」があったら楽しいですね．

目次

はじめに　*3*／手紙を書くのは誰？　*6*／フランス語手紙の《かたち》　*8*

printemps 春

avril 4月	1	新学期　*17*
	2	お花見　*19*
	3	花粉症　*23*
mai 5月	1	鎌倉散策　*27*
	2	子どもの日　*29*
	3	絵はがき　*32*
juin 6月	1	鮎釣り　*35*
	2	梅雨　*37*
	3	歌舞伎　*41*

été 夏

juillet 7月	1	星の祭り　*47*
	2	七夕伝説　*50*
	3	世阿弥　*52*
août 8月	1	感謝をこめて　*57*
	2	お盆　*59*
	3	和太鼓のコンサート　*62*
septembre 9月	1	スーパーでアルバイト　*67*
	2	陶芸家のアトリエ　*69*
	3	午後の喫茶店　*72*

automne 秋

octobre 10月
1. 弟の夢 *77*
2. 鉄道記念日 *79*
3. 野球観戦 *82*

novembre 11月
1. 秋の学園祭 *87*
2. 七五三のお宮参り *90*
3. 渋谷で待合わせ *92*

décembre 12月
1. 忘年会 *97*
2. メリークリスマス！ *99*
3. 除夜の鐘 *102*

hiver 冬

janvier 1月
1. おせち料理 *109*
2. 新年おめでとうございます *112*
3. 温泉のある町から *115*

février 2月
1. 入試の季節 *119*
2. 春休みの計画 *122*
3. パリのガイドは... *124*

mars 3月
1. 相撲 *129*
2. 妹の卒業式 *132*
3. 気分はパリジェンヌ *134*

日本紹介ミニリスト *139*

手紙を書くのは誰？

　この本では、大学生の香織と香織の兄，浩志さんに，フランス語で手紙を書いてもらうことになりました．香織は，パリに住んでいる友人のミシェルと文通をしています．ミシェルも大学生．最近，日本のことにとても興味をもっています．というわけで，香織はこのごろミシェルによく手紙を書くようになりました．tu で書く気楽な手紙なのですが，日本のことをフランス語で説明するのはむずかしくって…
　香織のお兄さんの武田浩志氏はビジネスマンです．幸子さんという奥さまがいて，3歳のみゆきちゃんのパパということになっています．香織の書く友人に宛てたくだけた文体とはちがって，こちらは vous で書く大人の手紙．導入部の呼びかけから，結びの表現まですべて文体がちがいます．ビジネスでは今やメールの時代．しかし，だからこそ，ウィークエンドの，いわば余裕の文通がとても大切なので，機会をとらえては日本のことを書くようにしているのです．

香織の文通相手のミシェルにも兄弟がいます．フレデリック・ラクロワ氏です．浩志さんの手紙のほとんどは，ラクロワ氏宛てに書かれています．彼はブリジットと婚約中．夏，日本に来ることになっている，音楽の大好きなビジネスマンです．なお，ラクロワ氏の友人夫妻，ダニエル・オリユー氏と夫人のアニェス・オリユーさんにも登場の機会があります．オリユー夫妻は5月に日本を旅行，8月にはお礼の手紙を浩志さんに送ることになるでしょう．3月には，幸子さんがミシェルに便りをするケースもあります．その他，浩志さんと香織には，健という，大学受験でねじりはちまきの弟がいますし，幸子さんには，小学校を卒業する妹，洋子がいて，話の種を提供してくれることでしょう．以上がこの本の主な登場人物ですが，最も大きな話題の提供者は，日本の伝統行事と社会風景，かもしれません．

フランス語手紙の《かたち》

1) Paris, le 30 mars 2005

2) Chère Kaori,

Malgré la distance qui nous sépare, je ne t'oublie pas, je t'assure, et en ce jour, veille de ton anniversaire, je tiens à t'envoyer mes souhaits les meilleurs et les plus affectueux.

3) A toi très amicalement,

4) Michèle

                      パリ　2005年3月30日

香織様

　遠くはなれてはいますけれど，わたしは今日，あなたのお誕生日の前日に，あなたのことを忘れてなんていません．ほんとうよ．心からおめでとうございます．

　　　友情をこめて　　　　　　　　　　　　ミシェル

1) 右上に，手紙を書いている**場所と日付**を入れます．年まで書くのが正式ですが，ときには年を省略したり，とてもくだけた簡単な手紙の場合ですと Paris, lundi

（パリにて，月曜日）ですませることもあります．

2) **文通相手への呼びかけのことば**．この部分は，相手との関係や，その時の気分，心理的な距離によって微妙にかたちを変えます．

   ▼知らない人には，男性ならMonsieur，女性でしたらMadame あるいはMademoiselle（もちろん，複数も可能で，Messieurs, Mesdames, Mesdemoiselles）．

   ▼少し親しくなると, Cher Monsieur, Chère Madame, Chère Mademoiselle あるいは Cher ami, Chère amie などとなります．浩志さんとラクロワ氏の文通はこの段階です．

   ▼より親しい感覚ですと，相手の名前を入れて Cher Yves， Chère Kaori となるわけです．左ページの例では，ミシェルと香織は，若い人どうしのカジュアルな手紙なのでこのパターンで始めます．

   ▼さらにいっそう心理的距離が近くなると，所有形容詞がついて Mon cher Yves, Ma chère Michèle あるいはとても気楽に Bonjour とか Salut となることもあります．しかしこのへんになると，相手が書いてきたときに，考えて使ったほうがよさそうです．

ちょっと御注意

Monsieur, Madame, Mademoiselle とか Cher Monsieur などと呼びかける場合ですが，M., Mme, Mlle と略したり，あるいは姓を入れて (Chère) Madame Martin と書くことは普通ありません．

3) **結びのことば**なのですが，これが問題．呼びかけ以上にかたちが変わって，尊敬，愛情，友情からなんと軽蔑まで，じつにさまざまなニュアンスがつけ加わります．日本語の「敬具」「草々」「かしこ」くらいだと，ずいぶん楽なのですけ

れど... なにしろ, ずばぬけて饒舌な国のことばで手紙を書こうというわけですから, じつはちょっとした難問なのです.

しかし, はじめはそんなに難しく考えたりせずに, 友人でしたら友情をあらわす Amicalement にそのときの状況で Très とか Bien といった副詞をつけて変化をつけるとか, あるいは Amitiés, Toutes mes amitiés などいつでも使えます. 詳しくは, 137～138ページをご覧ください.

4) そして最後に**サイン**をお忘れなく.

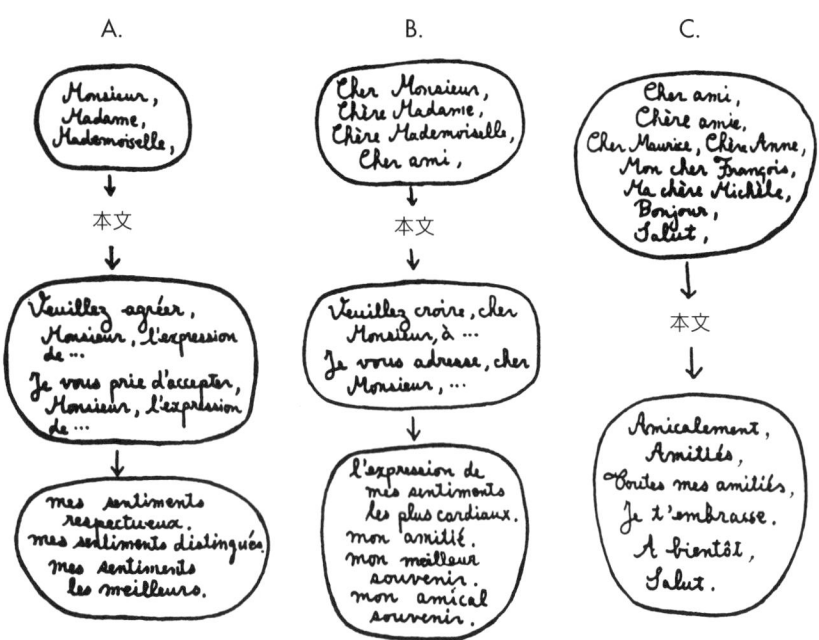

左に，2) 呼びかけのことば，3) 結びのことば，の組み合わせについて，いくつかのパターンをあげてみました．2) と 3) はセットになっていて，その手紙がシルクハットにタキシードを着用しているのか，ポロシャツにジーンズなのかできまってくるというわけです．

 A．タキシード型（あまり知らない人や目上の人のとき）
 B．スーツ型　　（かなり良く知っている人のとき）
 C．ジーンズ型　（親しい友人のとき）

この本に出てくるのは，B．スーツ型と，C．ジーンズ型です．浩志さんとラクロワ氏やオリユー夫妻の手紙は B．スーツ型，香織とミシェルの手紙のパターンは C．ジーンズ型です．

ちょっと御注意

結びのことばの中に，呼びかけが入るときには，かならず始めに使った呼びかけをくりかえします．たとえば A．タキシード型の系列で，Monsieur と始めて，本文が終わって，結びに Je vous prie d'agréer としたなら，次はかならず Monsieur, l'expression de mes sentiments distingués. となります．ここに cher Monsieur などと入れるとミスマッチになります．

ちなみにこの sentiments distingués は，いわば無色透明な言いまわしで，けっして字義通りの「格別な感情」をこめてあるわけではありません．しいて日本語にすれば Je vous prie d'agréer, Monsieur, l'expression de mes sentiments distingués. まで全文で「敬具」とでもなるのでしょう．なお，女性は sentiments（感情）などという単語をみだりに使用するべきではない，という意見もありますが，時代は変わり，近頃はそれほど気にしなくても良いようです．しかし，sentiments のかわりに salutations を使っておけばガードは万全です．

なお，プライベートな手紙は，万年筆で手書きするのがふつうです．おかげでしばしば，受け取った手紙の判読に苦労することになりますが，このへんは，ずいぶんアメリカとは様子がちがうようです．

封筒の上書き

表

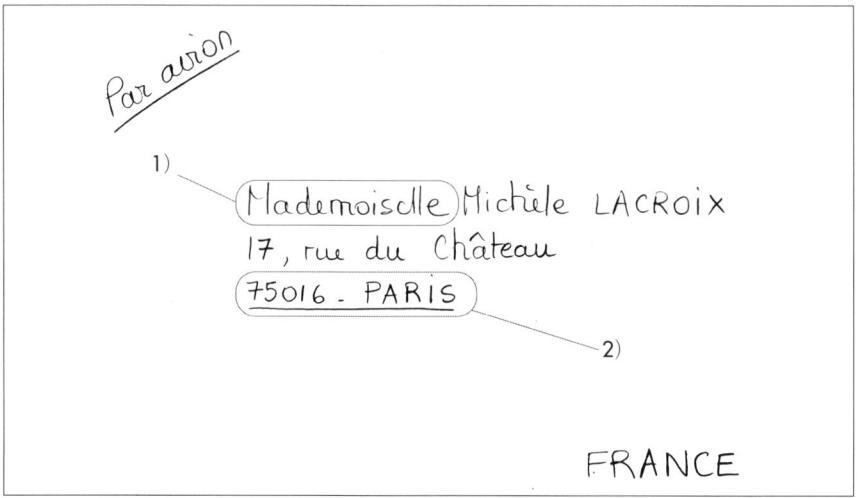

裏

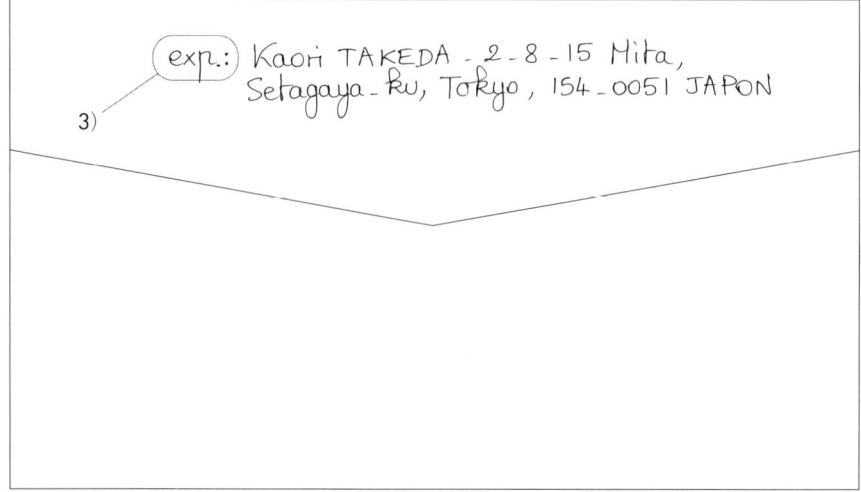

1) 「様」にあたる Monsieur, Madame あるいは Mademoiselle は，略さずに書きます．Madame か Mademoiselle かわからないときは，英語の Ms. のような便利なことばはありませんので，適当に判断しておきます．なお，名字は大文字で書くことがあります．

2) 郵便番号と町の名前です．アンダーラインをひくことが多いようです．
さて，ここでついでに，フランス語の手書きの数字の特徴を見ておきましょう．アラビア数字は万国共通，なんて信じこんでいると，手紙がちゃんと届かない，ということが起こるかもしれないのです．

$$1 2 3 4 5 6 7 8 9 0$$

とくに7は要注意，横棒をしっかりいれないと1に間違えられます．

3) exp. は expéditeur〔expéditrice〕，つまり差出人のことです．
受取人は destinataire．小包などの宛先を書くときに記入することがあります．

知ってると便利かな

速達	Express	書留	Recommandé
航空便	Par avion	SAL 便	SAL
船便	Par bateau	航空書簡	Aérogramme
印刷物	Imprimé	国際返信切手券	Coupon-réponse international

ポンジュ様気付	Aux bons soins de Monsieur PONGE
ルネ・ランボー様方	Chez Monsieur René RIMBAUD
転送をお願いします	Prière de faire suivre (Faire suivre S.V.P.)

printemps

春

猫が来てちょっと座りぬ花筵　川口咲子
Un chat vint un instant s'asseoir
　　　　　　sur la natte de printemps

avril 4月

　日本の4月にテーマをつければ、やはり「さくら、さくら」になりそうですが、では、フランスの4月のテーマはいったい何？と考えてみると...

　4月はエープリルフールで始まりますが、フランス語ではpoisson d'avril、なぜか「4月の魚」と言います。（ちなみに日本語では「万愚節」だそうです）。ぼんやりしている人の背中に、魚の絵を貼りつけてからかったりしますが、魚ならなんでもいい、というわけではなく、くじら、さば、いわし、あるいは、にしんなどの海の魚なのだそうです。新聞にのる風刺マンガのなかで、大統領の背中にいわしがぶらさがっていたりすることもあります。

　さて、4月には「春分のあとの最初の満月の次の日曜日」つまり復活祭 Pâques の日曜日が来ることが多く、お菓子屋さんのショーウィンドーにはチョコレートで作った卵が飾られたり、ゆで卵に絵を描いて、いろいろな色に染めてプレゼントをしたり...復活祭のテーマは卵：生命の復活のシンボルというわけです。公園や野原、庭などに卵を隠しておいて、それをみつける卵探しゲームをして楽しむこともあります。しかしお天気のほうは、En avril, ne te découvre pas d'un fil; en mai, fais ce qu'il te plaît.「4月には糸一本脱いではいけない；5月になれば好きにしなさい」と言われるように、フランスの4月は、まだ真冬のように寒い日があるのです。一般にフランスでは、手紙にかぎらず、私たちほど頻繁には気候のことを話題にしないようですが、それでも『赤と黒』の作者スタンダールが妹ポリーヌに宛てた、1810年4月6日付けの手紙は、こんな風に始まっています：

　Ta lettre m'a fait un plaisir sensible. Il faisait hier un temps froid et humide, ...「お便りたいへんうれしく読みました。きのうは寒くてじめじめした天気でしたが、...」

　文豪でもお天気を話題にすることが、たまにはあるのですね。

4-1 新学期 香織からミシェルへ

Tokyo, le 4 avril ****

Chère Michèle,

J'espère que tu es en pleine forme, prête à affronter de nouveau les pistes noires! Ici, les cerisiers sont en fleurs. Une véritable merveille!

Ma petite voisine, Rika, est entrée hier à l'école primaire. En effet, au Japon, la rentrée s'effectue au mois d'avril. Avec son cartable tout neuf sur le dos et malgré son air sérieux, elle me semble encore plus petite! Le cartable japonais s'appelle «randoseru», un mot qui vient, paraît-il, du hollandais. En cuir raide et brillant, il est traditionnellement noir pour les garçons et rouge pour les filles, mais on en voit aujourd'hui de toutes les couleurs. Contrairement aux élèves du privé, Rika n'a pas d'uniforme. Sa maman est dispensée des allers-retours à l'école, puisqu'en principe, les enfants doivent s'y rendre seuls ou en groupe. Les premiers jours, les instituteurs font une partie du chemin de retour avec leurs élèves, pour leur signaler les dangers potentiels et leur enseigner comment se comporter dans la rue. Comme tu le vois, tout est extrêmement bien organisé. Pour moi, ce sera aussi la rentrée dans quelques jours. Je vais devoir, hélas, me remettre au travail!

Je te souhaite beaucoup de neige et de belles descentes. J'attends avec impatience de tes nouvelles.

Affectueusement,

Kaori

ミシェル様

　　お元気におすごしのことと思います．今度は(スキーの)最難関のコースにチャレンジする準備がととのわれたことでしょう！こちらでは，桜が花盛りで，ほんとうに素晴らしいですよ！

　　お隣りの家の小さなリカちゃんがきのう小学校に入学しました．日本では新学年は4月から始まるのです．真新しいランドセルを背負うと，真面目な様子をしていても，リカちゃんはますます小さく見えます．ところで，日本語で「ランドセル」と呼ばれている背負いカバンの名前は，オランダ語から来ているんですって．ランドセルは，かたい皮製でピカピカ光っていて，伝統的には，男子むけは黒で，女子むけは赤ですが今ではあらゆる色のものがあります．私立学校の生徒ではないので，リカちゃんに制服はありません．原則として子供たちはひとりで，あるいはグループで登校することになっているので，お母さんは学校への送り迎えをする必要はありません．最初のうちは，先生が子供たちを途中まで送って，危険なところを注意し，通りを歩くときには，どうするべきなのか教えます．おわかりのように，すべてがとてもうまく組織されています．私も数日後には新学期です．残念ながら，また勉強にとりかからなければなりません．

　　雪がたくさんあって，素敵なスキーが楽しめるといいですね．お便りをお待ちしています．

　　心をこめて

　　　　　　　　　　　　　　　　　　　　　　　　　香織

● ●

NOTES

1) ****には西暦で年号を入れます．例えば：Tokyo, le 4 avril 2005.

2) **J'espère que...** :「...を期待する，と思う，と思いたい，を願う」．とてもよく使われる言い方です．「期待する」という意味のときには que の後に直説法単純

未来形を使います.

3) **les pistes noires**：スキーのゲレンデの難易度は, ヨーロッパでは色彩で段階が表されています. 普通, 一番やさしいコースは緑, 次に青, そして赤, 最難関コースが黒です. 緑の下に, 白のコースが設けられているスキー場もあるとのこと, 柔道の白帯, 黒帯に似た色彩のヒエラルキーですね.

4) **la rentrée s'effectue...**：s'effectuer［行なわれる］. 話し言葉では se faire が使われる所でしょう. 香織の手紙は親しい相手に tu で書いている気楽な文体ですが, 手紙はあくまでも書き言葉. このような動詞が使いこなせると, あなたのフランス語もグレードアップ.

5) **Je te *souhaite* beaucoup de neige**：souhaiter は espérer にくらべて少し改まった表現, 強い期待, 願望を表すということですが,「健康や幸運を願う」ときに使いますので, espérer とともに手紙には, 必ずと言ってもよいくらい出てくる表現です. Je souhaite que...「...を願っています」 と使うときには que 以下の動詞に接続法を使うことをお忘れなく.

4-2　お花見　浩志からラクロワ氏へ

Tokyo, le 5 avril ****

Cher Monsieur,

Pardonnez-moi d'avoir tant tardé à vous écrire. Il faut dire que c'était la fin de l'année fiscale, et que j'étais donc extrêmement occupé.

Comme vous le savez sans doute, le début d'avril est l'époque des cerisiers en fleurs. Aller les admirer constitue au Japon une véritable activité sociale. Tous les jours, les parcs se remplissent de gens qui viennent profiter du spectacle enchanteur pour faire la fête. Ce soir, mes collègues et moi sommes allés à Chidorigafuchi, un endroit particulièrement réputé pour la beauté des cerisiers, et où je retournerai dimanche avec Sachiko et Miyuki. Nous avons étendu une sorte de natte sur laquelle nous nous sommes assis, après nous être déchaussés, Japon oblige. Nous avions apporté des bouteilles de bière et de saké. Il ne nous restait donc plus qu'à compléter notre pique-nique avec les spécialités japonaises vendues dans de petits stands installés pour l'occasion: brochettes de poulet, nouilles grillées... Sous une voûte fleurie, nous avons trinqué, plaisanté et chanté ensemble. Si nous apprécions tant les fleurs de cerisier, c'est qu'elles ne durent que quelques jours et nous rappellent ainsi le côté éphémère de la vie.

A votre tour, pourquoi n'iriez-vous pas avec votre fiancée admirer les fleurs de marronniers? N'oubliez pas d'emporter une bouteille de champagne! En attendant de vous lire, je vous adresse, cher Monsieur, mon très cordial souvenir.

Hiroshi

拝啓
　ご無沙汰いたしております．会計年度末のため多忙をきわめており，たいへん失礼をいたしました．
　ご存じかと思いますが，4月初めは桜の花の季節です．花を見に行くことは，日本ではまさしく社会的な活動のひとつとなっているの

です．公園は毎日，桜の魅惑的な眺めを楽しみ，お祭り騒ぎをしに来る人々でいっぱいになります．今宵，私も会社の同僚と桜の美しさで特に有名な千鳥ケ淵に行って来ました．日曜には(妻)幸子と(娘)みゆきを連れてもう一度行くつもりです．我々は，シートをしいて，靴をぬいでその上にすわります．日本では，必ず靴をぬぐことになっていますから．ビールと酒を持ってきていましたので，あとは，花見のために設けられた屋台で売られている，焼き鳥や焼きそばといった日本的な料理を加えれば，我々のピクニックはできあがり，というわけです．花の天蓋の下で，杯をかわし，冗談を言い，一緒に歌を歌いました．我々がこんなにも桜の花を愛でるのは，桜がほんの数日しかもたず，それが，人生のはかなさを思い起させるからかもしれません．

あなたも，許婚の方とご一緒に，マロニエの花を愛でにいらしたらいかがでしょうか．シャンパンを一本持っていらっしゃるのをお忘れにならないで下さい！お便りをお待ちしております．

敬具

浩志

NOTES

1) 手紙に返事を書くのはどうしても遅れてしまうもの．ましてフランス語で書くとなると… **お詫びの書き方**をいくつか覚えておくと，遅れた手紙も少しは書きやすくなるかもしれません．

ここでは vous で書いてみましょう：

Excusez-moi d'avoir tant tardé à vous répondre.
ご返事たいへん遅くなり申し訳ありません．

Excusez-moi de ne pas vous avoir écrit plus tôt.
もっとはやくお便りせず申し訳ございません．

Excusez-moi の部分を浩志さんの手紙のように Pardonnez-moi とすることは勿

論可能ですし，こんな風に謝ることもできます：

Vous voudrez bien m'excuser de mon long silence.

長い間のご無沙汰をどうぞお許し下さい．

Vous voudrez bien m'excuser de mon retard à vous écrire.

お便り遅くなりましたこと，どうぞお許し下さい．

しかしいずれにしても，続けて理由を書く必要があるでしょう．

Vous voudrez bien m'excuser de mon retard à vous répondre. J'ai été très pris(e) à cause de la maladie de ma grand-mère. Mais heureusement elle va mieux maintenant.

ご返事が遅れ申し訳ありません．祖母の病気でたてこんでおりました．しかし幸い，祖母も今ではだいぶ良くなりました．

「失われた時を求めて」の著者プルーストはこんな風に謝っています．1917年に書かれたブランシュ宛ての書簡の冒頭です：

      Cher ami,

Pardonnez-moi un retard à vous avoir répondu qui n'est pas croyez-moi un signe d'indifférence. Ai-je besoin de vous dire que je serai trop heureux de vous voir, chez moi ou chez vous. 「拝復　ご返事遅くなりましたこと，お許し下さい．決して無関心ゆえの遅れではありません．拙宅でもお宅でも，お目にかかることができればこの上ない幸せであると，申し上げる必要もないと存じます」

2) **Japon oblige**. :「日本なのだから，勿論そうしなければいけない」. Noblesse oblige.（貴族はその身分にふさわしく振る舞わなければいけない）をもじった言い方．

3) *Si* **nous apprécions tant les fleurs de cerisiers,** *c'est que*... : 事実を表わす si ですから「もしも」という意味はありません．c'est que のあとに理由を書きます．

4-3 花粉症 香織からミシェルへ

Tokyo, le 12 avril ****

Chère Michèle,

J'espère que tu as passé d'excellentes vacances de Pâques et que tu t'es bien reposée. Ici au Japon, nous venons de reprendre le chemin de l'université. Malheureusement pour moi, la nouvelle année universitaire ne commence pas dans de très bonnes conditions. En effet, je souffre depuis un mois de ce qu'on appelle ici le «kafunsho», c'est à dire une allergie au pollen de sugi, une sorte de cyprès, exagérément replanté après la guerre (presque 20% de l'ensemble des forêts). Certes, je ne suis pas la seule dans ce cas, puisqu'un Japonais sur dix est atteint du même mal, mais cela me console peu. Les symptômes ressemblent à ceux du rhume. Mais à la différence du rhume, rien n'est vraiment efficace: ni les cachets anti-allergiques, ni les collyres, ni même les masques à filtre céramique. Cette année, l'offensive du pollen est particulièrement forte. Tous les jours, on donne à la télévision des informations sur les déplacements de pollen. Comme tu le vois, le réveil de la nature, au Japon, ce n'est pas de tout repos! Je sais que le problème des allergies se pose aussi en France, mais je serais curieuse de savoir si vous avez comme nous, une allergie nationale.

En attendant avec impatience de tes nouvelles, je te souhaite bon courage pour ta dernière ligne droite avant la licence…

Amicalement,

Kaori

ミシェル様
　素晴らしい復活祭の休暇をすごされ，十分に休息をお取りになったことでしょう．こちら日本では，大学がまた始まったところです．残念なことに，新学年は私にとってあまり良いコンディションでは始まっていません．というのも，私は一か月前から「花粉症」と呼ばれている，杉の花粉のアレルギーに悩まされているのです．杉は cyprès（イトスギ）の一種ですが，戦争後，この木ばかりが植林されすぎたのです（森全体のほとんど20％にもなります）．たしかに，悩んでいるのは私だけではありません．日本人の十人にひとりがこの病気にかかっているのですから．でもだからといって，ほとんどなぐさめにはなりません．症状は風邪に似ています．でも風邪とはちがって，抗アレルギー剤も，目薬も，セラミックフィルター付きのマスクさえも，何もほんとうには効果がありません．今年，花粉の襲来はとくにひどいのです．毎日，テレビでは花粉情報を流しています．おわかりになったように，日本では，自然の復活で困ったことが起こっているのです！　フランスにもアレルギー問題はあると聞いていますが，日本のように国民的なアレルギーがあるのかどうか，できたら知りたいと思っています．
　あなたのお便りをお待ちしています．学士号への最後の追込み，どうぞがんばって下さい．
　友情をこめて

　　　　　　　　　　　　　　　　　　　　　　　　　香織

●●●●●●●●●●●●●●●●●●●●●●●●●●●●●●●●●●●

NOTES

1) *reprendre le chemin de* **l'université** : prendre le chemin de…「…へ行く，むかう」．

2) **Ce n'est pas** *de tout repos…* :「問題がないわけではない」．de tout repos「安全確実な，問題がない」．

3) **je serais curieuse de savoir si...** : être curieux(se) de savoir si...「...かどうか興味がある，知りたい」．香織の手紙の中では，条件法が使われて「知りたい」すなわち「教えて下さい」というニュアンスを和らげています．

4) **En attendant avec impatience de tes nouvelles** :「お便り，(じりじりしながら) お待ちしています」．もちろん，impatience は「待ちきれないこと，熱望」なのですが，字義ほどの強い意味ではなく avec impatience を入れることで，より丁寧になり，相手に対して興味を示すことになります．impatiemment でもほとんど同じです．

5) **la dernière ligne droite** :「(ゴール前の)最後の直線コース」．

6) **licence** :「学士号」．大学第2課程第1年修了資格ですが，大学入学後3年で取得できます．

mai 5月

　5月はもちろんメーデー (fête du Travail) で始まります．この季節には，すずらんの花 (muguet) を幸運の御守りに贈ることがありますので，«Muguet Porte Bonheur»（すずらん　幸運の御守り）というメッセージとすずらんの花の印刷されたカードをいただいたこともあります．真冬のように寒い日のあった4月がうそのように，明るく美しい，うきうきしてくる月，5月．その名は，ギリシャローマ神話で活躍する「旅人とどろぼうの神さま，ヘルメス」のお母さん，マイア (Maïa) から来ているのだそうです．マイアは「春」の化身とか．緯度の高いフランスにいるとなおさら感じることですが，長い冬からいっぺんに開放されて，自然が高らかに歌を歌い，花も若葉も若者も，何もかも輝いてみえる月，若さがとても似合う月は，やはり恋の季節でもあります．

　天才詩人アルチュール・ランボーが1870年5月24日に書いた手紙は次のように始まっています:

　　　Cher Maître

　Nous sommes au mois d'amour, j'ai dix-sept ans.

　「親愛なる先生　今は恋の月，僕は17歳」

　そのまま歌詞になりそう...

　さて，この季節，香織と浩志さんはどんな手紙を書くのかな？

5-1 鎌倉散策　浩志からラクロワ氏へ

Tokyo, le 4 mai ****

Cher Monsieur,

J'ai bien reçu votre lettre et je vous en remercie beaucoup.

J'ai pris contact avec vos amis, M. et Mme Orieux, qui sont en voyage au Japon. Hier, comme c'était un jour férié, nous sommes allés ensemble à Kamakura, ancienne capitale du Japon située en bordure de l'Océan Pacifique, pas très loin de Tokyo. On y trouve de nombreux temples bouddhiques et shintoïstes datant du Moyen-Age.

Après une visite du fameux Daibutsu, une gigantesque statue en bronze de Bouddha, nous nous sommes promenés dans les jardins de ces temples, admirant les fleurs tardives des cerisiers pleureurs, ainsi que les azalées et les rhododendrons qui sont superbes en ce moment. Nous avons déjeuné dans un restaurant de tofu, une sorte de fromage de soja. Brochettes de tofu au miso (pâte de soja fermenté), steack de tofu aux légumes... Du début à la fin, on ne nous a servi que du tofu! Mme Orieux a apprécié ces spécialités, dont elle connait les vertus diététiques.

J'ai raccompagné vos amis hier soir à leur hôtel, en leur souhaitant bon voyage, car ils partaient ce matin pour Kyoto et Nara.

En attendant le plaisir de vous revoir, je vous prie de croire, cher Monsieur, à mon amical souvenir.

Hiroshi

拝啓

　お便り拝受いたしました．どうも有難うございました．

　日本を旅行なさっているお友達のオリユー御夫妻と連絡が取れました．昨日は休日でしたので，東京からさほど遠くない太平洋岸の日本の古都，鎌倉までご一緒いたしました．この町には，中世にまで遡る数多くの寺院や神社があるのです．

　私たちは，有名な大仏，巨大な仏陀のブロンズ像を見物してから，今見ごろの，見事な遅咲きのしだれ桜やつつじ，しゃくなげに見とれて，寺院や神社の庭園を散歩しました．豆腐（大豆のチーズのようなものです）料理のレストランで昼食をとりましたが，豆腐の田楽，野菜と豆腐のステーキなどなど... 最初から最後まで，すべて豆腐です．オリユー夫人はダイエットになることをご存じで，その料理を喜んでおられました．

　昨晩，御夫妻をホテルにお送りして，良いご旅行をと言ってお別れしましたが，今朝，京都と奈良に出発なさったはずです．またお目にかかれるのを楽しみにしております．

　　敬具

　　　　　　　　　　　　　　　　　　　　　　　　　　　浩志

・・・・・・・・・・・・・・・・・・・・・・・・・・・・・・

NOTES

1) **Cher Monsieur**：もう少しだけ親しい感じにしたいときには，Cher monsieur et ami あるいは Monsieur et cher ami が使えます．女性版でしたら Chère Madame (Mademoiselle) et amie あるいは Madame (Mademoiselle) et chère amie となりますが，もしも，そのように始めたのでしたら，終わりの結びの中に出てくる呼びかけにも，かならず同じ形を使いましょう．さらに親しさを増すには Cher ami (Chère amie) となります．

2) **J'ai bien reçu…**：今〔今朝〕受け取ったところでしたら，

  Je reçois à l'instant〔ce matin〕votre lettre du 20 avril.
  Je viens de recevoir votre lettre du 28 avril.
このように受け取った手紙の日付を入れてもいいですね．
お礼といっしょに簡単にすませるのでしたら：
  Je vous remercie beaucoup de〔pour〕votre dernière lettre.
  この前のお便りどうもありがとうございました．
remercier は後に動詞がくるときは必ず de を使います．
  Je vous remercie de m'avoir envoyé le colis.
  小包みお送りいただきありがとうございました．

3) 「大仏」「豆腐」「みそ」のような日本に固有なものは，簡単な説明をしておきたいことが多いですね．
  Daibutsu (gigantesque statue en bronze de Bouddha)
  tofu (fromage de soja)
  miso (pâté de soja fermenté)
と，説明されても，食物などはピンとはこないかもしれませんけれども… 巻末の「日本紹介ミニリスト」をご参照下さい．

5-2 子どもの日 香織からミシェルへ

>   Tokyo, le 5 mai ****
>
>   Chère Michèle,
>
>   Ta dernière lettre m'a fait grand plaisir. Je suis heureuse d'apprendre que tu as passé en famille des vacances de Pâques

agréables et ensoleillées.

Aujourd'hui, c'est au Japon la fête des garçons, le dernier jour d'une semaine de vacances baptisée «Semaine d'Or». Sur la photo, as-tu remarqué les bannières au-dessus du toit de la maison? Ce sont des carpes en toile, que les familles hissent au vent en l'honneur de leurs fils. La plus grande, de couleur noire, représente le père, la seconde, plus petite, est rouge et symbolise la mère, enfin, chacune des suivantes évoque un fils. La tradition de «koi-nobori» serait née au début du siècle dernier. Il s'agissait au début d'imiter les bannières des valeureux samourai en route pour le combat. La carpe est considérée comme un poisson courageux et combatif, car, dit la légende, elle est capable de nager à contre-courant. En hissant des carpes en toile au-dessus du toit, les parents souhaitent donc à leurs fils le même esprit combatif, qualité nécessaire pour surmonter les difficultés de la vie et réussir dans la société. A vrai dire, si je regarde autour de moi, j'ai l'impression que les filles sont en général plus dynamiques et plus courageuses que les garçons. Et toi, qu'en penses-tu?

Je te souhaite un bon mois de mai et du courage pour tes examens.

Toutes mes meilleures amitiés,

Kaori

ミシェル様
　この前のお手紙とても楽しく読みました．お天気も良くて，気持ちの良い復活祭のお休みを，ご家族で過ごされたとのこと，よかったですね．

今日は，日本では男の子のお祭り（子供の日），「ゴールデンウイーク」と呼ばれる一週間ほどのお休みの最後の日です．写真の，家々の屋根の上にある「のぼり」に気が付きましたか？これは家族が息子のために掲げる，布製の鯉なのです．一番大きな黒い鯉はお父さんを，もう少し小さくて赤い鯉はお母さんを，そして次のからは息子のひとりひとりを表しています．「鯉のぼり」の伝統は前世紀初頭に始まったようです．戦闘に出かける勇ましい侍の旗印を真似たのが始まりでした．言い伝えによれば，鯉は流れに逆らって泳ぐことができるので，勇敢で闘志あふれる魚とみなされています．ですから，屋根の上に布製の鯉を掲げることで，両親は息子に，人生の困難を乗越えて社会で成功するのに必要な，鯉と同じような闘争心を願っているのです．でも実を言えば，まわりを見まわしてみると，一般的に女の子のほうが男の子たちより，ずっとエネルギッシュで勇敢なような気がするのです．あなたはどう思いますか？

　　　良い5月をお過ごし下さい．それから，テストがんばってね．
　　　友情をこめて

香織

● ●

NOTES

1) **Ta dernière lettre m'a fait grand plaisir.** : Quelle joie de recevoir de tes nouvelles! Tu te décides enfin à m'écrire.「お便りいただけて，とってもうれしいわ！やっと書く気になったのね」．こう始まっている手紙を受け取ったことがあります．しばらく便りのとだえていた友人から，久しぶりに手紙をもらったときには使えそう．一度使ってみたいのですが，書かれてしまうことのほうが多いのです．

2) **Je suis heureuse d'apprendre que…** :「…だということを知ってうれしく思っています」と言いたいときには，次のように書くこともできます．

Je suis content(e) d'apprendre que…

Je suis ravi(e) d'apprendre que…

大きなニュースのとき、たとえば結婚，子供の誕生，試験に受かった，というようなときには，C'est avec joie que j'ai appris que…「…を知って喜んでおります」が使えます．

3) **Je souhaite…du courage pour tes examens**：日本では5月は新学年が始まったばかりですが，フランスは学年末．まじめな学生は「ねじりはちまき」の季節です．がんばって！にあたるのが，Bon courage! (Du courage!) なのですが，日本語の上手なフランス人の中には冗談で，「がんばって！」をGambattez! とフランス語にしてしまう人もいるようです．もちろん，日本語のわからない「ふつうの」フランスの人には全然通じません．念のため．

オリユー夫妻がラクロワ氏に絵はがきを送ります

Meilleurs souvenirs de Kamakura, très belle ville aux temples anciens
Sincères amitiés,

Daniel Agnès

鎌倉からお便りしています．ここは，古い寺のある，とても美しい町です．　　友情をこめて

ダニエル　アニェス

こんなふうにも書けるかな

> Cher ami,
> 　Notre voyage au Japon est très intéressant, nous vous raconterons plus longuement avec les photos.
> 　　Amicalement,
> 　　　　　　Daniel　Agnès

　　　　日本旅行は興味が尽きません．いずれ，写真をお見せしながらくわしくお話します．
　　　　　友情をこめて　　　　　　　　　ダニエル　アニェス

> 　　　　　　　　　mardi
> 　Amicales pensées de Kamakura.
> 　　　Daniel　Agnès　Hiroshi

　　　　火曜日　鎌倉より友情をこめて　ダニエル　アニェス　浩志

　「…より愛をこめて」ではありませんが，みんなでサインをすれば，こんなに簡単なことばでも，気持ちを届けることができますね．

ちょっと御注意
　絵はがきやカードに書く，とても短い簡単な便りの場合には，書いた場所，日付，そして呼びかけの部分は省略が可能です．省略できないのが，結びのことばとサインなのですが，結びのほうも，なるべく簡潔にしたほうがバランスがとれます．なにしろ，スペースがあまりないのですから．そして，日本の習慣と少しちがうのは，絵はがきも封書にして送られることが多いという点でしょう．

juin 6月

　「6月」というと，私たちは「梅雨」,「田植え」,「蛍」など，とかく湿度の高いものを連想してしまいますが，フランスでは，さくらんぼの季節も終わりに近く，町の外に出ると，小麦畑に乾いた風が吹いて小麦が金色に輝きはじめる頃．その小麦畑にモネの絵そっくりの赤いひなげしの花が点々と咲いていましたが，最近ではそこが，見渡すかぎりのひまわり畑に変身して，風景のすっかり変わってしまった場所もあります．さて，この美しい月は，6月24日，夏至の日の聖ヨハネの祭り(la Saint Jean)で頂点に達します．この日は今でも，小さな町や村では，広場に大きな焚火をたいて，そのまわりで人々がダンスをして楽しむ風習が残っている所があります．この火を飛び越えると幸運にめぐまれる，と言われています．

　『青い麦』の作者コレットのお母さんは，娘に宛てた1908年6月26日の手紙の中で，聖ヨハネの祭りのことをこんな風に書いています：

　　C'était hier et avant-hier la fête de la Saint Jean, mais ce n'est pas comme à Saint-Sauveur où on fête la Saint Jean en mangeant pendant huit jours ces galettes variées. Tu te souviens? Et la galette au fromage? ... 「きのうおとといは，聖ヨハネのお祭りでしたが，ここはサンソヴール（コレットが少女時代をすごした場所）とはちがって，一週間ずっといろいろなガレット菓子を食べてお祝いをしたりはしないようです．おまえは覚えていますか？チーズ入りのガレットを...」

　この後に，生チーズ，クリーム，バターと卵を使って，薪の火で焼く，とてもおいしそうなガレットの作り方が出ていますが，ここでは省略．この手紙は，Il va faire très chaud aujourd'hui.「今日はとても暑くなりそうです」と終わっています．お天気が良いと，もう真夏のように暑いのです．

　さて，日本にもどって，6月の浩志さんの話題はまず「鮎釣り」から．

6-1 鮎釣り 浩志からラクロワ氏へ

Tokyo, le 12 juin ****

Cher Monsieur,

Je vous remercie sincèrement de votre dernière lettre et des photos qui l'accompagnaient. Je vous félicite d'avoir pêché un beau sandre dans la Loire! C'est un poisson dont je rêve, mais que je n'ai encore jamais réussi à prendre…

Le premier juin, s'est ouverte au Japon la saison de la pêche à l'ayu. C'est un poisson de la taille du gardon, et qui n'existe, dit-on, qu'au Japon. On le fait griller avec du sel. Un délice convoité des gourmets. Je vous en ferai goûter, lorsque vous serez au Japon en juillet.

Je suis donc allé dimanche dernier au fleuve Sagami, mais je n'ai attrapé en tout et pour tout que cinq petits ayu: les pêcheurs étaient, paraît-il, plus nombreux que les poissons! Pour comble, nous n'avons pas pu y goûter le soir même, car la route du retour était très encombrée et nous sommes arrivés à plus de minuit!

Mardi soir, j'ai dîné avec M.et Mme Orieux, qui vous adressent leur bon souvenir. Faites-moi savoir votre numéro de vol, afin que je puisse aller vous accueillir à Narita.

Recevez cher Monsieur, mes pensées les plus amicales.

Hiroshi

拝啓
お便りと同封の写真をどうも有難うございました．ロワール河で大きなホソスズキを釣られたとのこと，おめでとうございます！

ホソスズキは，私は今まで一度も釣ったことのない夢の魚です．

　日本では6月1日は鮎の解禁日です．「鮎」というのはロウチほどの大きさの，日本にしかいないと言われている魚です．塩焼きにして食べますが，グルメたちの垂涎の的です．7月に日本にいらしたら，あなたに召し上がっていただこうと思っています．

　というわけで，日曜日には相模川まで行きました．しかし，私は小さな鮎がたった5匹釣れただけでした．というのも，魚より多くの釣り人がいたようなのです．おまけに帰り道の渋滞のために，帰宅が夜中すぎになり，夕食に鮎を味わうこともできませんでした．

　火曜日の夜，オリユー御夫妻と一緒に夕食をとりましたが，御夫妻からあなたによろしくとのことです．成田に迎えに行けるように，あなたのフライトナンバーをお知らせ下さい．

　　　敬具

　　　　　　　　　　　　　　　　　　　　　　　　　　　浩志

●●●

NOTES

1) 書き出しの部分は次のようにすることもできます：

　　Je vous remercie de votre lettre et des photos ci-jointes.

　　お便りと同封の写真をありがとうございました．

「同封の」と考えると，ci-joint という言い方を思い出しますね．この単語は名詞の前におかれると性数の変化をしません：

　　Vous trouverez ci-joint les photos.

　　（Vous trouverez les photos ci-jointes.）

　　写真が同封してあります．

「同封にて…をお送りします」は：

　　Je vous envoie ci-joint …

　　Veuillez trouver ci-joint …

ただし，この ci-joint は，少しかたくて事務的なニュアンスを持っているようですから，友人に宛てるときなどは：

　Je joins à cette〔ma〕lettre …　が使えます．

2) **Je vous félicite d'avoir pêché un beau sandre** : féliciter de …「…について祝う，祝福する」．de のあとに名詞をおくこともできます．
Je te félicite de ta réussite au baccalauréat.「バカロレア（大学入学資格試験）に受かっておめでとう」．

3) **…s'est ouverte au Japon la saison de la pêche à l'ayu** : 主語（la saison de la pêche à l'ayu）が長くて重いので，動詞（s'est ouverte）との倒置が行なわれています．文章の中で長くて重い部分は，文の終わりにもってくるのがコツです．

4) **en tout et pour tout** :「全部合わせてやっと，あとにも先にも」．

5) **…qui vous adressent leur bon souvenir** :「（オリュー夫妻が）あなたによろしくと言っています」ということですが，「…によろしく伝える」は souvenir を使って adresser à… son bon souvenir となります．詳しくは p.121, 2) をご覧下さい．

6-2　梅雨　香織からミシェルへ

```
                                                    Tokyo, le 15 juin ****

         Chère Michèle,

     Excuse-moi de ne pas t'avoir répondu plus tôt. Je t'enverrai
demain le livre sur la cérémonie du thé que tu m'as demandé.
```

Au début du mois, mon père a été hospitalisé, et j'ai dû lui rendre visite très souvent à l'hôpital. Heureusement, il va beaucoup mieux. Ma mère, par contre, est épuisée de ses allers-retours quotidiens à son chevet, d'autant plus que c'est en ce moment à Tokyo la saison des pluies. Nous l'appelons tsuyu, la pluie des pruniers. C'est joli, non? Il fait très humide, tantôt chaud, tantôt frais, à tel point qu'on ne sait plus comment s'habiller. C'est un climat très fatigant.

D'ailleurs, dans le métro, j'ai l'impression que les voyageurs somnolent encore plus que d'habitude. Ce matin, sur la banquette en face de moi, 6 des 7 personnes étaient assoupies. J'ai lu qu'en France, on ne somnole jamais dans le métro. Est-ce pour des raisons de sécurité ou de dignité? L'autre jour, une de mes amies m'a invitée à aller voir une exposition d'un photographe français. Il avait pris uniquement des photos de voyageurs endormis dans le métro ou les trains de banlieue de Tokyo. Ce phénomène l'avait, paraît-il, frappé, alors que pour nous, c'est monnaie courante. Pourtant, dans cette position abandonnée, on ne se montre pas toujours sous son meilleur jour!

En te souhaitant de bons résultats aux examens, je t'adresse mes amitiés les meilleures.

Kaori

ミシェル様

　もっとはやくご返事を書かなくてごめんなさい．あなたにたのまれた茶の湯の本，あしたお送りします．

　今月の初め父が入院したので，病院にひんぱんに行かなければならなかったのです．さいわい父はずいぶん良くなりました．でも母

のほうが毎日父の病床に通ったので、疲れきってしまっています。それに今東京は雨の季節なのでなおさら疲れるのです。私たちは「梅雨」、梅の雨と呼んでいます。きれいな呼び方でしょう？とても湿度が高く、暑かったり寒かったり、何を着たらいいのか分からないほどです。この気候はとくに疲れるのです。

　それに、地下鉄の中でも居眠りしている人がいつもより多いような気がします。今朝、私の前の座席では7人の乗客のうち6人が居眠りをしていました。パリの地下鉄では人々がけっして居眠りをしない、と読んだことがあります。それは安全のためですか、それとも、しゃんとしているためですか？先日、友人の一人からフランス人の写真家の展覧会に招待されました。その写真家は、東京の地下鉄や郊外電車の中で居眠りをしている乗客の写真だけ撮ったのです。最初、彼は、居眠りの光景を見て、とても驚いたそうです。わたしたちにとっては、めずらしいことではないのですけれど。でも、こんなだらしない姿勢をしていては、いつも最高にかっこ良くみせるというわけにはいきません。

　　テストの良い結果をお祈りしています。友情をこめて

香織

・・

NOTE

1)　返事を書くのが遅れてしまったときの**お詫びの書き方**. tuで書いてみましょう：
　　Excuse-moi de ne pas t'avoir écrit plus tôt, mais j'ai été très pris(e) par mon travail.
　　もっとはやく書かなくてごめんなさい．仕事でとても忙しかったものですから．
　　Pardonne-moi d'avoir tant tardé à t'écrire.
　　お便りするのがたいへん遅れたことを許して下さい．
　そして、こんな風に書けば、ちゃんと許してもらえるかもしれません：
　　Tu voudras bien m'excuser de mon retard à t'écrire. Je pense pourtant

souvent à toi.(...)

J'attends très vite de tes nouvelles pour être pardonné(e) de mon long silence, bien involontaire. Amicalement à toi,

書くのが遅くなったことを許して下さい．でもよくきみのことは考えていたのです．(...) すっかりご無沙汰してしまいましたけれど，わざとではありません．許してもらうためにきみの便りを一刻も早くと待っています．友情をこめて．

次は，画家のトゥルーズ＝ロートレックが19歳のときパリから母親に出した手紙の書きだしです．19世紀の貴族の家庭ですから，母親宛てなのにvousで書かれていますが，親しい人にだったら tu に直して使えそう：

      Ma chère Maman,

Si je ne vous ai pas écrit, c'est que j'ai été bousculé par le travail.

「親愛なるお母さま，便りをしなかったのは仕事でひどく忙しかったからです」

2) ***d'autant plus*** **que c'est en ce moment à Tokyo la saison des pluies**：
d'autant plus que...「...であるだけにいっそう」．理由が重なるときに使います．
Je dois lui envoyer des fleurs pour la remercier de son invitation, *d'autant plus que* demain, c'est son anniversaire.
彼女には御招待いただいたお礼に花を送らなければなりません．まして明日は彼女のお誕生日ですから．

3) **C'est** *monnaie courante*：「今，流通している通貨」ですから「あたりまえのこと，よくあること」．

6-3 歌舞伎　香織からミシェルへ

Tokyo, le 30 juin ****

Chère Michèle,

Je te remercie pour ta lettre, qui m'est arrivée hier. Tes questions concernant le kabuki ne pouvaient pas mieux tomber, car figure-toi que je suis justement allée la semaine dernière au théâtre de kabuki. Je me préparais donc à t'écrire sur cette forme traditionnelle de théâtre, qui se caractérise par un jeu de scène stylisé, des costumes somptueux et des effets spectaculaires, sur un accompagnement musical chanté et joué.

Dans le kabuki, les rôles féminins sont tenus par des hommes, acteurs spécialisés qu'on appelle oyama. Ces rôles étaient autrefois joués par des femmes, qui étaient aussi des prostituées. Alors, craignant pour la bonne moralité du public, le Shogun Tokugawa leur interdit la scène du kabuki. Les rôles de femmes furent donc repris par des hommes.

Dans la pièce que j'ai vue, Ichikawa Ennosuke, un acteur très réputé, a joué à lui seul sept rôles différents, dont celui du héros et de l'héroïne. Tu ne peux pas imaginer la rapidité des changements de costumes! Dans la salle, le public interpelle les acteurs, en signe d'appréciation ou d'encouragement. Mais attention! Pas à n'importe quel moment! Je me suis donc abstenue de le faire, malgré mon enthousiasme. Enfin, tu serais étonnée de constater que l'on peut manger en regardant le spectacle. Il faut dire qu'il dure plusieurs heures. Je joins à ma lettre une carte postale sur le kabuki.

En te souhaitant de très bonnes vacances, je t'adresse mes meilleures amitiés.

> P.-S. Sur cette carte postale, tu peux voir le décor du kabuki, les acteurs et la façade du théâtre.
>
> Kaori

　　　　ミシェル様
　　お便りどうもありがとう．きのう受け取りました．歌舞伎についてのあなたの質問，最高のタイミングでした．ちょうど先週，歌舞伎座に行ってきたところなの！　この伝統的な演劇について，ちょうどお便りしようと準備していたところだったのです．歌舞伎の特徴は，様式化された舞台上の演技，豪華な衣装，派手な舞台効果で，そこに歌と伴奏がついています．
　　歌舞伎では，女性の役も男性が演じます．「女形」と呼ばれる専門の役者です．かつては女性が演じていたのですが，彼女たちは娼婦だったこともあって，公序良俗に反するということで徳川将軍が彼女たちの歌舞伎への出演を禁止しました．そんなわけで女性役を男性が演じることになったわけです．
　　私の見た出しものでは，有名な役者の市川猿之助が，主人公と女主人公役を含めて，たった一人で7つの役を演じました．瞬間的に衣装を変えるのがどんなに速いか，あなたには想像できないでしょう！客席では観客が役者に，好演のときや励ますときに声をかけますが，でも，注意しないといけません．いつ声をかけても良いというものではないのです．ですから，私も夢中になったのですが，声をかけるのはやめておきました．それから，あなたは，芝居を見ながら，ものを食べることができるのに驚かれるかもしれません．というのも，芝居は何時間も続くのです．歌舞伎の絵はがきを同封します．
　　良い休暇をお過ごし下さい．友情をこめて

追伸：この絵はがきで，歌舞伎の舞台や役者と歌舞伎座がわかるでしょう．

香織

●●●●●●●●●●●●●●●●●●●●●●●●●●●●●●●●●●

NOTES

1) **Tes questions... ne pouvaient pas mieux *tomber*...** : tomber には「転ぶ，落ちる，...に当たる」のほかに「(ニュースが) 報じられる，(情報が) 届く」という意味がありますが，かなりくだけた言い方．ここでは，「あなたの質問はこれ以上のタイミングで届くことはできなかった」ということ．

2) **Figure-toi (Figurez-vous) que...** :「実は...なんですよ」という意味があって，くだけた場面でよく使われます．

   Ken voulait me jouer un bon tour, mais *figure-toi que* j'étais au courant.
   健は私にいたずらをしようとしたのですが，実は私知っていたんです．

3) **se caractériser par...** :「...を特色とする」．代名動詞の受動的用法を上手に使うと文章を引きしめることができます．

   Le Japon *se caractérise par* un relief très montagneux et des climats très divers, de Hokkaïdo à Okinawa.
   日本の特色は，山が多くて起伏に富むことと，北海道から沖縄までの非常に多様な気候にあります．

4) **Il faut dire que...** :「つまり(要するに)...なのです」．理由を言います．

   Kaori est allée au théâtre de kabuki avec des amies. *Il faut dire qu'*en ce moment le kabuki est à la mode chez les jeunes filles.
   香織はお友達と一緒に歌舞伎に行きました．今，歌舞伎は若い女性たちのあいだで流行っているのです．

5) 絵ハガキではなく,「英文の小さなパンフレットを同封します」ということもありそうですね：

    Je joins à cette lettre un petit fascicule explicatif en anglais.

6) **P.-S.**：post-scriptum「追伸」. 気軽な手紙にはP.-S.も使えます.

été

夏

七夕の願ひ一枚風に飛ぶ　冨士原芙葉

De la fête de Tanabata
　　　　un vœu s'envole
　　　　　　dans le vent

juillet 7月

　7月にバカンスに出かける人を juillettiste と言います．パリは急に人も車も少なくなって，がらんとした雰囲気．街角のパン屋さんも店を閉じてしまうところが多く，バゲット1本買うために何ブロックも歩かなければならなくなったりします．一方，混んでくるのは高速道路．車に，家族全員と犬やペットのうさぎまで詰め込み，大きなキャンピングカーを引っぱって，さながら，民族大移動の様相を呈します．しかも，フランス国内の車だけが移動しているわけではありません．E（スペイン），D（ドイツ），GB（英国）とかCH（スイス），遠いところではGR（ギリシャ），TR（トルコ）まで，様々な国籍表示プレートをつけた車も大移動に参加して，EUの拡大を実感するときです．最近は，冬にバカンスを取ってウィンタースポーツを楽しむ人が増えていますが，やはり，夏，海辺に，というパターンが多いようです．

　ちなみに，フランスの年次有給休暇は1982年から合計5週間．ただし，一気に取ることができるバカンスは，最大限4週間までで，実際に人々の取る休暇の平均日数は減る傾向にある，とのことです．フランスが長いのか？日本が短いのか？…

　さて，そんな7月に，こんな手紙を書いた人がいました：

　　　Cher Monsieur,

　Vous prenez des bains de mer, vous avez été en bateau... je vous jalouse, moi qui étouffe ici!

　「拝啓　海水浴をなさって，船にも乗られたとのこと…うらやましいかぎりです．僕はここで息がつまりそうなのに！」

　これは1871年7月12日にランボーが故郷のシャルルヴィルから，海辺の町シェルブールに赴任した先生に宛てた手紙です．

　さて，日本からは…七夕と能の話題です．

7-1 星の祭り 香織からミシェルへ

Hiratsuka , le 7 juillet ****

Chère Michèle,

Comment se sont passés tes examens? J'imagine ton soulagement, après toutes ces révisions épuisantes. Pour moi, le plus dur est encore à venir. Pour me changer les idées, j'ai décidé d'aller assister au festival des étoiles, «Tanabata», en compagnie de quelques amis.

Ce festival a lieu dans tout le Japon, mais il est particulièrement célèbre à Hiratsuka, près de Tokyo, d'où je t'écris. Ici, toute la ville est en fête. De magnifiques cascades de papier de toutes les couleurs sont suspendues dans les rues de la ville. Partout, de petits stands proposent des attractions et vendent toutes sortes de bonnes choses. Tu remarquerais d'ailleurs que la plupart de ce qui se vend à manger est salé, comme les nouilles grillées aux légumes, ou les boulettes fourrées au poulpe. Et en France, que peut-on goûter de bon dans les fêtes foraines? Quant aux stands de jeux, le plus traditionnel, c'est la pêche aux poissons rouges avec de petites épuisettes en papier. J'ai réussi à en attraper trois et j'en ai fait cadeau à une petite fille ravie. La maman l'était moins! En ce moment même, nous nous reposons dans un parc. Un peu partout sont disposées des branches de bambous, auxquelles sont accrochés de petits papiers de vœux multicolores. En fait ce festival est basé sur une très jolie légende, que je te raconterai dans ma prochaine lettre.

Je te souhaite de bonnes vacances, bien méritées.

Kaori

ミシェル様
　試験はいかがでしたか？　猛勉強なさった後ですから，きっとホッとしていらっしゃることでしょう．私の方はと言えば，きついのはこれからですが，気分転換をするために，お友達をさそって，星のお祭り「七夕」を見にいくことにしました．
　このお祭りは日本中で行なわれますが，東京の近くの平塚が特に有名で，そこから書いているわけです．ここでは，町中がお祭り一色．様々な色の紙飾りが，見事な滝のように町の通りに飾られています．いたる所に小さな屋台が出て，娯楽を提供し，いろんな楽しいものを売っています．それにあなたは，売られている食物が，たとえば野菜入りの焼きそばや，たこ焼きのように，ほとんど塩からいものだということに気が付かれるかもしれません．フランスでは，縁日でおいしいのはどんなものですか？ゲームの屋台で，最も伝統的なのは，小さな紙のひしゃくを使う金魚すくいです．私は3匹つかまえて，小さな女の子にプレゼントしました．女の子は大喜びでしたが，お母さんの方はそれほどでもなかったようです！今は公園で一休みしているところ．いたる所に竹の枝が立ててあって，願い事を書いたいろんな色の小さな紙がつり下げられています．じつは，このお祭りはとてもきれいな伝説に基づいているのですが，次のお手紙でお話します．
　良いバカンスをお過ごしください．あなたには休暇を取る資格が十分ありますよね．
　　　　　　　　　　　　　　　　　　　　　　　　　　　香織

・・・・・・・・・・・・・・・・・・・・・・・・・・・・・・・・・・・

NOTES

1) **après toutes ces *révisions*** : révisionは「再検討，見直し，点検」ですが，主として複数で使われて「復習，試験勉強」，réviser「復習する，（試験）勉強をする」．

> Je suis en pleines *révisions*.

試験勉強の最中です.

> Demain c'est le partiel de français, il faut absolument que je *révise*.

あしたフランス語の小テストがあるので，どうしても勉強しておかないといけない.

2) **de petits *stands*** : stand はもちろん英語から来て「展示場所，スタンド，(祭りや市などの) 陳列台，屋台」のこと．モータースポーツの「ピット」の意味にもなります．étal, étalage というフランス語もありますが，étal は少し古く，étalage は marché (市) で使われます.

3) **tu *remarquerais*** : remarquer を条件法におくことで，「あなたがもしもここにいたなら，気が付くでしょうに」の意味がこめられています.

4) **... à une petite fille *ravie*. La maman l'était moins.** :「(金魚をプレゼントされて) 女の子は大喜びだったが，お母さんはより少なく喜んでいた」．中性代名詞 l' は ravie をうけています.

5) **Je te souhaite de bonnes vacances** : ごく普通に「良い休暇をお過ごし下さい」ですが，bien méritées「当然取る権利のある」と，ごく短い言葉をつけ加えることで，猛勉強をしたミシェルに，「ご苦労さま」のニュアンスが伝わります.

> Tu as bien mérité tes vacances.

(それだけ働いた〔勉強した〕のだから) あなたは当然，休みを取る権利があります.

7-2 七夕伝説　香織からミシェルへ

Tokyo, le 15 juillet ****

Chère Michèle,

J'espère que tu passes de bonnes vacances et que tu te reposes bien. Comme je te l'ai promis dans ma dernière lettre, voici la légende de Tanabata. C'est une histoire très romantique.

Il y a bien longtemps, deux étoiles du nom de Kengyu le berger (Altaïr) et Shokujo la tisserande (Véga) se marièrent. Kengyu était si heureux qu'il en perdit le goût au travail et s'installa dans une vie oisive. Furieux, le dieu du ciel décida de le punir, en le séparant à jamais de sa bien-aimée par la Voie Lactée. Toutefois, dans un geste de pitié, il lui accorda la permission de rendre visite à sa belle une fois par an, le 7 juillet, à condition qu'il ne pleuve pas. Mais au Japon, au mois de juillet, la pluie est indispensable à la culture du riz. Alors, une autre version de la légende dit que lorsque les deux étoiles se rapprochent, la Voie Lactée se rétrécit et la rivière céleste déverse alors les pluies attendues. J'espère que cette jolie légende t'a plu, bien qu'elle soit un peu triste, il faut bien le reconnaître.

Comment est la mer à Biarritz? Lorsque tu dégusteras ton prochain sandwich au jambon de Bayonne, pense à moi. Ici, il est presque impossible d'en trouver, et tu sais combien j'en raffole!

Affectueuses pensées,

Kaori

ミシェル様
　　良いバカンスを過ごして，十分休まれていることと思います．これから書くのは，この前の手紙でお約束した，七夕の伝説です．とてもロマンチックなお話ですよ．
　　昔々，牽牛（アルタイル）と，織女（ベガ）という名前のふたつの星が結ばれました．牽牛はとても幸福だったので，仕事への興味を失い，怠惰な生活を送りました．怒った天の神様は，天の川によって牽牛と彼の恋人を永久に別れさせることで，罰を下しました．しかし，あわれに思った神様は，牽牛に年に一度だけ7月7日に，雨ふりでないかぎり，恋人を訪ねることを許したのです．しかし日本では，7月は米の栽培のために雨が不可欠なのです．そこで，この伝説には，もうひとつの解釈があって，それによれば，ふたつの星が近づくと，天の川が狭まって，そのとき天空の川から待望の雨が降ってくる，ということです．たしかに，ちょっと悲しいお話ですが，あなたがこの美しい伝説を好きになって下さるといいのですが．
　　ビアリッツの海はいかがですか？　バイヨンヌのハムのサンドイッチを今度召し上がるときには，私のことを思い出して下さい．ここでそれをみつけるのは，ほとんど不可能なのです．私が大好きなのご存じでしょう！
　　心をこめて
　　　　　　　　　　　　　　　　　　　　　　　　　　　　香織

● ●

NOTES

1) **comme je te l'ai promis**：「お約束したように」．comme je te〔vous〕l'ai dit...，comme je te〔vous〕l'ai annoncé...（前にお話したように）のような言い方も，覚えておくとよく使うことがあります．

2) この手紙は「七夕」伝説を香織がミシェルに語っているわけですが，物語ですので，単純過去形が多く使われています：se marièrent, perdit, s'installa, décida, accorda. 物語部分は，手紙の導入部や結びの部分とは，文体が異なっていることにご注意下さい．単純過去形を使うことで，異なった空間を作り出し，しまりのある文章語になります．

3) **il faut bien le reconnaître.**：字義どおりにとれば「そのことはたしかに認めなければならない」．しかしそれほど強い意味ではありません．「そのこと」とはこの場合「この伝説が少し悲しい」ということ．

4) **tu sais combien j'en raffole!** : raffoler de... 「...に夢中になる」．今風に言うと「はまる」とでも言うのでしょうか．
   Elle *raffole des* chocolats, et moi, je *raffole du* natto.
   彼女はチョコレートに目がないけど，僕は納豆が大好物なんだ．

7-3 世阿弥 浩志からオリユー夫妻へ

Tokyo, le 20 juillet ****

Chers amis,

J'espère que ma lettre vous trouvera tous les deux en bonne santé, et que vous passez d'excellentes vacances à Antibes.

Samedi dernier, Monsieur Lacroix et moi, nous avons assisté à une représentation de théâtre Nô. La pièce intitulée «Takasago», est une œuvre de Zeami, un auteur que vous avez lu, si ma mémoire est bonne. Quant à moi, à ma grande honte, il faut avouer que mes connaissances en matière de Nô sont extrêmement limitées.

Cette forme de théâtre, la plus ancienne du Japon, dit-on, se caractérise par son extrême sobriété. On la compare parfois à un sculpture mouvante. La scène était très dépouillée, avec pour seul décor, un unique pin. Des acteurs masqués, exclusivement masculins, effectuaient des gestes discrets, stylisés et symboliques avec une lenteur telle que j'ai failli m'endormir. Pourtant, les costumes de Nô sont splendides et les masques de véritables objets d'art. M. Lacroix, en bon mélomane, a plutôt apprécié la musique. Il a trouvé splendides le son du tambour «tsuzumi» et celui de la flûte «fue». Il affirme même que le grand «tsuzumi» serait parfaitement adapté au jazz. J'espère que ces quelques réflexions vous donneront envie de tenter l'expérience.

En attendant avec impatience de vos nouvelles, je vous adresse, ainsi que M. Lacroix, mes pensées les plus amicales.

Hiroshi Takeda

拝啓

　私の手紙が着くころには，お二人ともお元気で，素晴らしい休暇をアンチーブで過ごされていることと存じます．

　この前の土曜日に，ラクロワ氏と私は能を見に行きました．「高砂」という作品は，世阿弥のものですが，もし私の記憶が確かなら，あなたはこの作者をお読みになったことがおありでしたね．私の方はと言えば，お恥ずかしいのですが，実のところ，能に関する私の知識はとても限られたものなのです．

日本で最古といわれる，この演劇形式の特徴は，その極端なまでの飾りのなさです．ときに，動く彫刻にたとえられることがあります．非常に簡素な舞台上に，唯一の背景としてあるのは一本の松の木です．面をつけた，すべて男性の能楽師が，ひかえめで，様式化され，象徴的な動作をしますが，それがあまりにもゆっくりとしているので，居眠りをしそうになったくらいです．しかしながら，衣装は豪華で，面はまさに芸術品です．音楽好きのラクロワ氏はむしろ音楽が気に入られたようでした．鼓と笛の音が素晴らしく，大鼓の音はジャズとも完璧に調和するのではないかという御意見でした．この感想を読まれて，お二人も能を見てみたいとお考えになられるのではと期待しております．

　　　お便りお待ちしております．ラクロワ氏もお二人によろしくお伝え下さいとのことです．
　　　　敬具

　　　　　　　　　　　　　　　　　　　　　　　　　　　　武田浩志

● ●

NOTES

1) **J'espère que ma lettre vous trouvera en bonne santé…**：「私の手紙があなた（方）を良い健康の中に見いだすことを希望する」ということですが，要するに「お元気でお過ごしのことと存じます」．ひとつの言い方として使えるようにしておくと便利でしょう．en bonne santé と同じように en bonne forme, en excellente forme も使えます．ただし，「健康」はあくまでも個人にかかわる情報なので，公的な手紙には書きません．

2) **et *que* vous passez d'excellentes vacances**：J'espère que のあとに文章がきて，さらにもうひとつ文章をつけ加えたいときには〈et que＋文章〉となります．必ずqueをくりかえしましょう．

3) *à* ma grande honte：「たいへん恥ずかしいことには」．結果をあらわす*à*「…なことには」．*à* ma grande surprise, *à* mon grand étonnement「とても驚いたことには」．

4) **une lenteur *telle que* j'ai failli m'endormir**：tel…que…「あまりの…なので…である」．

    Miyuki a fait un *tel* bruit *que* sa mère l'a grondée.
    みゆきはあまり大きな音をたてたので、お母さんに叱られた．
    telは名詞の前にくることも，後にくることもあります．

5) **et les masques de véritables objets d'art**：＝ et les masques *sont* de véritables objets d'art. 動詞が省略されています．

6) **tenter l'expérience**：「体験する，試みる」．

7) **ainsi que M. Lacroix**：このように挿入するだけで，「…からもよろしく」の意味を付け加えることができます．
    もちろん，次のように書くこともできます：
    M. Lacroix se joint à moi pour vous adresser nos pensées les plus amicales.
    M. Lacroix et moi vous adressons nos souvenirs les plus amicaux.

août 8月

　8月にバカンスを取る人は aoûtien, 女性ですと aoûtienne. しかし, この単語には, 不思議なことに, 正反対の意味もあるのです. いわく「休暇が取れないためにパリ（大都市）に残る人」. 結局, どこにいようと, 8月には皆それぞれ, 特殊な「8月の人」になっている, ということなのでしょうか？

　8月はじめの週末には, 最大級の exode「集団脱出, バカンスに出かける市民の大移動」があります. パリに, 住民はますます少なくなり, けっこう増えるのは観光客と道路工事. そんなパリから浩志さんに, オリユー夫妻からの礼状が届きます.

　さて, これは, 17歳のギュスターヴ・フロベールが, 少し年上の親友エルネスト・シュヴァリエに送った手紙です：

[Rouen,] samedi [10 août 1839]

　　Mon cher Ernest,

　Le moment des vacances approche. Il doit t'être maintenant moins sensible qu'à nous pauvres bougres d'écoliers collés toute l'année à des bancs de bois. — Nous allons donc nous revoir, mais pourtant pas de suite (...)

　　Ecris-moi la longue lettre que tu m'avais promise (...)

　　Embrasse pour moi toute ta famille.

　「親愛なるエルネスト　休暇の時が近づいている. 休暇は今やきみにとっては, 僕らのように一年中木の椅子に縛りつけられている, 哀れな生徒どもほどには, 待ち遠しくはないにちがいない. また会えそうだが, しかしすぐというわけにはゆかない [...] 約束の長い手紙を書いてくれたまえ [...] ご家族のみなさんに僕からどうぞよろしく」

　休暇になるのを首を長くして待っている将来の文豪, 高校生時代の手紙です. 8月10日の日付ですから, 当時はずいぶん夏休みが短かったのですね.

8-1 感謝をこめて　オリユー夫妻から浩志へ

Paris, le 1er août ****

Cher ami,

Le temps s'est écoulé très vite depuis notre retour du Japon et nous venons seulement de faire développer les photos prises lors de notre voyage.

C'est avec grand plaisir que nous nous souvenons de la merveilleuse journée ensoleillée passée à Kamakura en votre compagnie. La photo devant le grand Bouddha est parfaitement réussie et nous allons donc la faire agrandir. Elle décorera désormais notre salon.

Nous vous remercions de nous avoir fait connaître un peu mieux la vie japonaise en nous invitant chez vous et en flattant notre gourmandise par une dégustation de cuisine japonaise traditionnelle.

Nous espérons que vous nous donnerez l'occasion de vous recevoir à notre tour, lors de votre prochain séjour à Paris. Vous serez toujours le bienvenu, ainsi que votre famille, à laquelle nous vous prions de transmettre notre meilleur souvenir.

Ce séjour au Japon aura été une grande découverte pour nous et nous avons été très touchés par votre accueil chaleureux.

Soyez assuré, cher ami, de notre fidèle reconnaissance.

Daniel et Agnès Orieux

拝啓
日本から帰国後，時間のたつのがとても速く，旅行中に撮った写

真をやっと現像してもらったところです.

　好天の鎌倉で御一緒にすごした,素晴らしい日のことをとても楽しく思い出しています.大仏の前で撮った写真はとても良く取れていますから,拡大して,客間に飾ろうと思っています.

　お宅へのご招待にあずかり,伝統的な日本料理を満喫させていただいて,日本の生活をより良く知ることができたことを感謝しております.次回パリに滞在なさるときには,今度は私たちにあなたをご招待する機会を与えて下さることを願っています.あなたもあなたの御家族もいつでも大歓迎です.ご家族の皆様にどうぞよろしくお伝え下さい.

　この日本滞在は私たちにとって大きな発見でしたし,あなたから受けた暖かい歓迎にとても感動しております.厚く御礼申し上げます.
　　敬具　　　　　　　　　　　　　　　ダニエル　オリユー
　　　　　　　　　　　　　　　　　　　アニェス

● ●

NOTES

1) **Le temps s'est écoulé très vite depuis... et nous venons seulement de...** :「...して以来,あっという間に時間がたってしまった.それなのに...したばかりである」というのですから,これは「もっとはやくお便りせずに申し訳ありません」に近いニュアンスがふくまれているわけです.Excusez-moi ... と始めるよりもピシッときまります.たまには,少し気取って使ってみたい表現.

2) **C'est avec grand plaisir que nous nous souvenons de...** :「...をとても楽しく思い出している」.この表現も,お礼状を書くときには応用がききそうです.

3) **Ce séjour au Japon *aura été* une grande découverte...** : ここでは動詞が直説法前未来形におかれていますが,これは過去を表す前未来で,複合過去に代わるものです.

Mon séjour *aura été* bien court, mais très bénéfique.
私の滞在はたいへん短いものでしたが，とても有益でした．

4) **Nous avons été très touchés par…** :「…に心を打たれる，感動させられる」．この表現を使えば，強い感謝の気持ちを表すことができます．par のかわりに de を使うこともあります．

5) **Soyez assuré, cher ami, de notre fidèle reconnaissance.** : 結びの部分にも notre fidèle reconnaissance「いつまでも忘れない感謝の気持」の語を入れることでお礼状が完結します．

8-2　お盆　浩志からオリユー夫妻へ

Tokyo, le 17 août ****

Chers amis,

J'espère que vous avez bien profité de vos vacances au soleil de la Méditerranée.

Il y a deux jours, au Japon, c'était O bon, la fête des morts qui contrairement à ce que l'on pourrait penser, n'a rien de triste. La légende raconte qu'un disciple de Bouddha vint un jour trouver son maître pour lui demander le moyen de secourir sa mère tombée en enfer. Bouddha lui répondit que s'il faisait brûler de l'encens le 15 juillet, elle serait sauvée. C'est ainsi que serait née la tradition de O bon. En fait, le 15 juillet ou beaucoup plus souvent le 15 août, chaque foyer se prépare à accueillir les âmes des ancêtres. On décore les autels familiaux, et on y fait des offrandes de produits de la terre. Le soir, sur la place ou dans une rue du village, les gens se rassemblent pour éxécuter, en kimono de coton, des danses et des chants traditionnels rythmés par le tambour japonais, un spectacle censé consoler les âmes de défunts. Le lendemain, on confectionne avec des concombres ou des aubergines de petits animaux aux pattes d'allumettes, vaches ou chevaux, on les place sur un petit plateau et on les laisse flotter sur la rivière, afin de permettre aux âmes des défunts de repartir au ciel. Parfois, comme à Kyoto, ces petits animaux sont remplacés par des lanternes allumées. Une très jolie fête, que j'aimerais un jour vous faire connaître.

En attendant avec impatience de vos nouvelles, je vous adresse mes meilleurs souvenirs.

Hiroshi Takeda

拝啓
地中海の太陽のもとで, バカンスを十分楽しまれたことと思います.
2日前, 日本では, 「お盆」, 死者の祭りでしたが, この祭りには, ご想像になるほど悲しいことは何もないのです. 言い伝えによれば, ある日仏陀の弟子のひとりが, 地獄に落ちた母親を救う手段を師に尋ねに来ました. 仏陀は彼に, 7月15日に香をたかせれば, 母親は救われるであろうと答えました. お盆の伝統はそのように生まれたようです. ですから7月15日, あるいは多くの場合8月15日に, 各家庭では先祖の霊を迎える準備をします. 家の仏壇を飾って, 土地の産物をお供えするのです.

夜になると, 村の広場や通りでは, 人々がゆかたを着て集まり,

和太鼓のリズムに合わせて踊ったり，歌ったりしますが，これは死者の魂を慰めるということです．翌日に人々は，きゅうりや茄子にマッチ棒の脚をつけて，牛や馬などの小さな動物を作り，小さな盆にのせて川に浮かべます．これは，死者の魂が再び天に戻ることができるようにするためです．ときに，京都などでは，小動物ではなく，灯を入れた灯籠を流すこともあります．とてもきれいな祭りですので，いつかご案内できたらと思っています．
　お便りお待ちしております．
　　　　　　敬具

　　　　　　　　　　　　　　　　　　　　　　　　　　浩志

NOTES

1) **vos vacances au soleil de la Méditerranée** : vacances にはイメージとして au soleil あるいは ensoleillées「お天気の良い」がほとんどセットになっていて，太陽がつきものです．それにしても，地中海の太陽はまた格別ですが，ここでの話題は「お盆」．少し明暗のコントラストが激しいようですが...

2) **un disciple de Bouddha *vint* un jour trouver son maître...** : 物語部分の動詞は単純過去を使います．

3) **C'est ainsi que *serait née* la tradition de O bon** : 条件法におくことで，断言を控えています．que 以下は，主語（la tradition de O bon）が重いので主語と動詞が倒置されています．

4) **kimono de coton** :「ゆかた」．

5) **un spectacle *censé consoler* les âmes de défunts** : être censé(e) ＋動詞の不定法．「...とみなされている」．

Nul n'*est censé* ignorer la loi.
何人も法律を知らないとはみなされない.
これはローマ時代からある諺です.

6) **Une très jolie fête,** *que j'aimerais un jour vous faire connaître.* :「いつか...をあなたに体験していただけたらいいのですが」. 日本のことを書いていると，こう言いたいことが，しばしばあります. 覚えていると，よく使える表現です.

8-3　和太鼓のコンサート　香織からミシェルへ

Tokyo, le 20 août ****

Chère Michèle,

　Merci mille fois pour ta très belle carte de Provence. Quel merveilleux tapis de lavande et comme cela doit sentir bon! Quant à moi, j'ai participé au stage d'entraînement de mon club de tennis. Je suis rentrée samedi, avec un beau bronzage.

　Hier soir, ton frère, Hiroshi et moi, nous sommes allés au Théâtre National écouter un concert de taiko, le tambour traditionnel japonais. Au programme, il y avait un groupe folklorique du nom de Osuwa-daiko, tambours de la région de Suwa. Le spectacle était formidable! Sur la scène, trois gros taiko, dix de taille moyenne et quelques petits, ainsi que divers instruments de percussion. Rythmes envoûtants, harmonie des sons, costumes traditionnels des musiciens, tout contribuait à rendre le spectacle éblouissant. J'ai entendu dire que ce groupe fait des tournées en Europe. Si l'occasion s'en présente, je te conseille vivement d'aller les écouter.

  Ton frère a été si emballé par le son du taiko qu'il a, nous a-t-il dit, l'intention d'en rapporter un et de l'installer dans son appartement. Nous avons essayé de l'en dissuader, car il risque d'avoir des problèmes avec ses voisins !

  En te souhaitant une bonne fin de vacances, je t'envoie toutes mes amitiés.

Kaori

  ミシェル様

  プロヴァンス地方のとても美しいカードをほんとうにありがとうございました．見渡すかぎりのラベンダーの畑は，とても素敵で好い香りでしょうね！私は，テニスサークルの合宿に参加しましたが，土曜には，しっかりと日焼けして帰宅しました．

  きのうの夜，私は，あなたのお兄様と私の兄と一緒に，国立劇場に日本の伝統的な打楽器，和太鼓のコンサートを聴きに行きました．プログラムの中に「御諏訪太鼓」という，諏訪地方の民俗芸能のグループがあって，それが素晴らしかったですよ！舞台には，三つの大太鼓と，十くらいの中太鼓と，いくつかの小太鼓，その他にもいろんな種類の打楽器があって，心を魅了するリズムと，音のハーモニー，伝統的なコスチュームのすべてが公演を魅惑的なものにしていました．このグループはヨーロッパで演奏旅行をするということです．機会があったら，是非聴きにいらして下さい．お薦めします．

  あなたのお兄様は，太鼓の音にすっかり夢中になられて，太鼓をひとつご自分のマンションに持って帰るつもりだとおっしゃっています．でも私たちは思いとどまるように説得を試みました．なぜ

って，お隣りの方たちとちょっとした騒音問題が起こる恐れがありますもの．

　　　良い休暇の終わりをおすごし下さい．友情をこめて

香織

● ●

NOTES

1) **Merci mille fois pour…** :
　くだけた言い方のお礼には，
　　Merci beaucoup pour〔de〕…
　　Un grand merci pour…
　多少大げさに感謝するには：
　　Merci mille fois pour〔de〕…
　　Merci de tout cœur pour…
　pour のあとには名詞がきますが，動詞をおきたいときには de を使います．
　　Merci beaucoup de m'avoir envoyé des documents sur les couvents cisterciens.
　　シトー派の修道院に関する資料を送って下さってどうもありがとう．

2) **Le spectacle était *formidable*!** : merveilleux(se), magnifique, formidable. これらの形容詞はすべて，「素晴らしい，見事な，すてきな，すごい」ですが，formidable はどちらかというと，「物」ではなく「事」に使われます．さらに，もっともっと素晴らしいときには，charmant(e), ravissant(e), séduisant(e), éblouissant(e), envoûtant(e) 「魅力的，魅惑的，うっとりさせる，心をとりこにする」等々，いろいろありますが，微妙にニュアンスもちがってきます．

3) ***En te souhaitant* une bonne fin de vacances, je t'envoie toutes mes amitiés.** : この結びの表現のように，ジェロンディフを使って終わらせることが手紙には多いのですが，ジェロンディフの主語は，次にくる主文の主語だということを思い

出しておきましょう.

 En vous *souhaitant* de bonnes vacances, veuillez agréer, Monsieur, ... このように，主文に主語のない場合は使えません.

旅先からミシェルが香織に絵はがきを送ります．

> *La Turquie*
>
> 23/8/2005
>
> Bonjour Kaori,
> Un voyage inoubliable dans un pays magnifique ! Je suis sûre que tu aimerais toi aussi la Turquie. Cependant, je pense toujours au Japon. L'an prochain, peut-être... Je t'écrirai plus longuement à mon retour.
> Bonnes vacances !
>   Michèle

 こんにちは, 香織
  素晴らしい国で忘れられない旅をしています. あなたもきっとトルコが好きになると思うわ. でも, やっぱり私は日本のことを考えているの. たぶん, 来年ね... 帰ってから, もっと長いお便りをします.
  良いバカンスを！
            ミシェル

septembre 9月

　日本の9月は台風のシーズン，東京に雨が多いのは6月についでこの月とか．しかし，まだまだ夏が残っていますが，それに比べるとフランスはもう秋の色が濃く«rentrée» の季節です．«rentrée» という単語を辞書で引くと：「帰ること，活動の再開，（バカンスなどの）休み明け，新年度の開始，（農作物などの）取込み...」とあります．まさに，これらの意味全体がそっくり当てはまるのがフランスの9月．大人たちはバカンスから帰って活動を再開，学校も新学年で，子供たちは新しい学用品をそろえてもらって新しい友だちの待つ学校へ．そして，ブドウ畑では vendange「ワイン用のブドウの収穫」が始まり，ブドウ摘み取りのアルバイトに精を出す人々の姿が見られます．

　そしてここには，「牧神の午後」ではありませんが，9月の午後のけだるさを，返信の遅れた口実にしている詩人がいます：

Jeudi 10 septembre 1885

　　Mon cher Dujardin,

　J'ai tardé à vous répondre, parce que la torpeur du cher septembre s'étend sur toutes mes après-midi, simplement. Le matin, je travaille, beaucoup et d'une besogne qui jalouse la moindre feuille de papier à lettres.

　「親愛なるデュジャルダン　返事が遅くなったのは，いとしいこの9月のけだるさが，日ごとの午後に広がってきているから，にすぎません．毎朝，私は大いに仕事をしていて，しかもたった一枚の便箋すら書かせてくれないほど嫉み深い仕事なのです」

　これは，ステファーヌ・マラルメが，セーヌ河畔ヴァルヴァンの 別荘からエドゥアール・デュジャルダンに宛てた手紙の冒頭です．

　さて日本も，夏休みが終って，けだるい rentrée 新学期です．

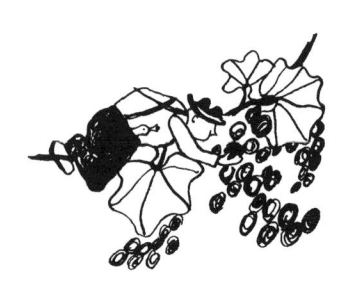

9-1 スーパーでアルバイト 香織からミシェルへ

Tokyo, le 2 septembre ****

Chère Michèle,

Un grand merci pour ta jolie carte de Turquie. Tu es vraiment une grande voyageuse!

De retour de Hokkaido, j'ai commencé à travailler à mi-temps dans une supérette ouverte 24 heures sur 24. Je suis donc occupée de 9 heures du soir à 1 heure du matin. C'est un peu fatigant, mais mieux rémunéré que de jour. Avec le salaire de mon «arubaito» (ça vient de l'allemand arbeit, qui veut dire travail), je compte m'offrir un nouveau PC. J'en ai absolument besoin pour préparer mon mémoire de fin d'études. En effet, le mien vient de rendre l'âme. Et si, au lieu du dernier modèle, je me contente du précédent, j'aurai l'imprimante et le scanner pour le même prix. Enfin, s'il me reste de l'argent, je m'achèterai aussi un nouveau portable. Si tu voyais la vitesse à laquelle les jeunes Japonais tapent leurs e-mails sur leur portable, tu n'en reviendrais pas ! On les appelle «oyayubi-zoku», «la tribu du pouce». Enfin, dans huit jours, je reprends comme toi le chemin de l'université.

En te souhaitant une très bonne rentrée, je t'adresse toutes mes meilleures amitiés.

Kaori

ミシェル様
　トルコからのきれいな絵はがきをどうもありがとう．あなたは，ほんとうに旅行好きなのね．

私は、北海道から戻ってから、24時間営業のスーパーでアルバイトを始めました。夜9時から朝の1時まで働くの。少し疲れるけれど、昼間よりお給料が良いのです。「アルバイト」(これはドイツ語の仕事という語から来ています)の給料が入ったら、新しいパソコンを買おうと思っています。卒論を書くのに絶対必要なの。私のパソコンがダウンしてしまったので。最新のモデルではなくて、前のものでがまんすれば、同じ値段でプリンターとスキャナーがついてきます。もしもお金が残れば、新しいケイタイも買うつもりです。若い日本人がケイタイでメールを打つすごい速さを見たら、きっとあなたはとても驚くことでしょう。彼らは「親指族」って呼ばれているのですよ。1週間後には、こちらもついに大学の授業が始まります。
　どうぞ良い新学年をお迎え下さい。友情をこめて

香織

NOTES

1) **mais mieux *rémunéré* que de jour...** : rémunéré は rémunérer「報酬を与える、給与を支払う」からきています。ここでは「昼の仕事より良い報酬を支払われる」。C'est un travail rémunéré.「それは報酬のある仕事です」。ボランティアのときは : C'est un travail bénévole.

2) **je compte *m'offrir* un nouveau PC** : s'offrir 「(自分のために) 奮発する」。少々高いものを思い切って s'acheter 「(自分のために) 買う」すること。

3) **mon *mémoire de fin d'études*** : 大学の卒業論文は un mémoire de fin d'études. 論文というと une thèse と書きたくなりますが、thèse は博士論文を指します。

4) **l'imprimante et le scanner** : コンピューターは ordinateur ですが、パソコンは

PC[ペセ]．情報関係の語彙をフランス語にするのはけっこう面倒で，フランス版国語審議会のお達しによれば，ほんとうは Envoie-moi un e-mail. と書いてはいけなくて，Envoie-moi un mél.「メールを送って下さい」とすべきだとのこと．しかし実際には e-mail は定着しています．その他，いろいろ：clavier「キーボード」, souris「マウス」, imprimante「プリンター」, scanner (scanneur)「スキャナー」, DVD[デヴェデ]「デジタル多用途ディスク」．

5) **rendre l'âme**：「息をひきとる」．ふつうは人について使いますが，機器類や車などについて言うと，ちょっとユーモラスな表現になります．

6) **…tu *n'en reviendrais pas.***：n'en pas revenir「とてもびっくりする」．

9-2　陶芸家のアトリエ　浩志からラクロワ氏へ

Arita, le 17 septembre ****

Cher Monsieur et ami,

　Si j'ai tardé à vous remercier de votre lettre, c'est que je suis depuis deux semaines en voyage d'affaires à Kyushu.
　Dimanche dernier, j'ai enfin trouvé un peu de temps et j'ai eu la chance de visiter l'atelier d'un céramiste célèbre, aux environs de la ville d'Arita. J'ai bien pensé à vous, qui aimez tant les porcelaines japonaises. L'atelier, qui se trouve sur le versant

d'une petite montagne, donne sur un bois de bambous, à côté duquel se trouve un pavillon pour la cérémonie du thé. J'ai apprécié l'ambiance sereine et propice à la création. J'ai également admiré ses œuvres céladon, de forme résolument moderne. Après cette visite, je suis allé jeter un coup d'œil sur le fameux kaki, d'où viendrait, dit-on, le nom de «Four Kakiemon». Je rêvais d'offrir à mes parents des bols à thé Kakiemon, mais les prix exorbitants ne me l'ont pas permis.

Ma petite escapade au pays de la porcelaine de Kyushu s'est terminée dimanche soir, par un dîner dans une auberge locale très sympathique.

En souhaitant que ma lettre vous trouve en excellente santé, je vous adresse mes souvenirs les plus amicaux.

Hiroshi

拝啓
　2週間ほど前から九州に出張していましたので，ご返事がたいへん遅れてしまいました．
　日曜には，やっと時間を見つけて，有田の町の近郊に有名な陶芸家のアトリエを訪問する機会を得ました．勿論，日本磁器のたいへんな愛好者でいらっしゃるあなたのことを考えました．小さな山の斜面にある彼のアトリエは，竹林に面していて，そばに茶室を設けてあります．静かで，しかも創造的な雰囲気を楽しみ，彼の青磁の作品を鑑賞しましたが，そのフォルムはとても現代的なものでした．そのあと私は，「柿右衛門窯」の名がそこに由来すると言われる，有名な柿の木を見に行きました．両親に，この窯の茶わんを土産にしたいと思っていましたが，法外な値段でしたので，これは無理でした．

九州の，陶磁器の故郷での私のちょっとした気晴らしは，日曜の夜の，とても感じの良い地元の旅館の夕食で終わりました．
　　どうぞお元気にお過ごし下さい．
　　　敬具

　　　　　　　　　　　　　　　　　　　　　　　　　浩志

●●●●●●●●●●●●●●●●●●●●●●●●●●●●●●●●●

NOTES

1) ***Si* j'ai tardé à vous remercier de votre lettre, *c'est que*...** : 事実を表す si．実際にお礼の手紙を出すのが遅れてしまって，その理由を c'est que のあとに書いてあります．このパターンも，返信が遅れたときに応用がききそうですね．

2) **un *céramiste* célèbre** : un(e) céramiste は「陶芸家」．la céramique「陶芸，窯業，焼き物，陶磁器」，la porcelaine「磁器」，la faïence「陶器」．

3) **ses œuvres *céladon*** : (vert) céladon「淡い緑色」．ここでは「青磁」のこと．

4) **d'où *viendrait*, dit-on** : 条件法で断言を和らげています．

5) **Ma petite *escapade*...** : escapade は échapper「逃げ出す」からきている言葉．日常の義務からの脱出，エスケープ．なぜかよく，une petite escapade と petite が付きます．日常性からの脱出でも，完全な逃亡や「蒸発」ではないのです．ちょっとした「脱線，気晴らし」．

9-3 午後の喫茶店 香織からミシェルへ

Tokyo, le 18 septembre ****

Chère Michèle,

Comment vas-tu, depuis ta dernière lettre? J'espère que la grève, dont on parle même ici, n'a pas trop perturbé ta rentrée.

Il est trois heures. Je suis dans un salon de thé. Autour de moi, toutes les tables sont occupées par des groupes de femmes. Elles bavardent de tout et de rien: des enfants, de l'école, des voisins, du travail à mi-temps qui leur permet d'arrondir les fins de mois et payer les cours supplémentaires des aînés. Mais elles aiment surtout se plaindre de leur mari. Critiquer son mari, c'est un rite au Japon. Il existe une phrase qui illustre bien le mari idéal: «teishu wa genki de rusu ga ii», «un mari en bonne santé, mais absent de la maison». Bien sûr, ce ne sont que des mots, mais tout de même! J'ai beau regarder autour de moi, je ne vois pas un seul client homme. Car au Japon, les femmes sortent entre elles et les hommes aussi, d'ailleurs, bien que ce soit un peu moins vrai aujourd'hui. Ça doit te sembler curieux! Vers quatre heures, les femmes sont à la maison pour préparer le repas du soir, qu'elles prennent en compagnie des enfants sans attendre leur mari. En effet, il rentre souvent très tard, parfois éméché. Enfin...! Je me souhaite un mari plus présent et plus attentionné...

Je termine cette lettre en te souhaitant bon courage et je me réjouis de te lire bientôt.

Kaori

ミシェル様
　この前のお便りをいただいてから，お元気にお過ごしでしょうか？日本でも話題になっていますが，ストライキであなたの新学期があまり影響を受けていないことを願っています．
　今は3時．喫茶店に入っています．まわりを見まわすと，テーブルはすべて，女性のグループで占められています．彼女たちは取りとめのないおしゃべりをしています：子供，学校，隣人のこと，家計を助け，上の子供たちの塾の費用になるパートの仕事のこと．でも，彼女たちがとくに好きなのは，夫について不平を言うことで，夫を批判することは日本では儀式のようなものなのです．「亭主は元気で留守がいい」という，理想の夫をあらわす言い方があります．もちろん，言葉だけですが，それにしても！　まわりを見まわしてみても，男性のお客はひとりもいません．なぜなら日本では，女性は女性どうしで，男性のほうも男性だけで出かけるのです．この頃は少し事情が変わってきていますが，あなたには奇妙に見えるのではないでしょうか！　4時頃になると女性たちは，夕食の支度のために家にもどり，夫を待たずに子供たちと食事をします．というのも夫は，しばしば遅く，ときにはほろ酔い気分で帰って来るのです．でも，私は，もっと家に居てくれて，思いやりのある人のほうが良いと思っていますが…
　最後になりましたが，がんばって下さいね．もうじきお便りをいただけるのを楽しみにしています．
　　　　　　　　　　　　　　　　　　　　　　　　香織

NOTES

1) **grève**：「ストライキ」のことですが，Place de Grève（グレーヴ広場）に失業中の人達が集まったことから出来た言葉．それにしてもフランスはストが多い国だな，と思うことがありますが，以前，S.N.C.F.（フランス国鉄）の改札部門がス

トライキをして，ただでパリまで行くことができました．こんなストなら大歓迎！

2) **Elles *bavardent de tout et de rien*** : bavarder de tout et de rien「とりとめなくおしゃべりをする」．
bavarder de la pluie et du beau temps という言い方もあって，差し障りのないおしゃべりをすることですが，天気のことをよく話題にするのは，あまりエスプリのない証拠だとか．お天気のことを書くことも，同じなのでしょうか．日本人の書く手紙には必ずと言ってもよいほど，時候のあいさつが入っていますが，フランス人の手紙には，比較的，天気や時節の話題が少ないようです．

3) **...*qui leur permet d'arrondir les fins de mois*** : arrondir ses fins de mois「(アルバイトをして) 収入を補う」．ここでは，すぐ前に qui *leur* permet という言い方が出てくるので leur のくり返しを避けるために arrondir *les* fins de mois となっています．

4) **J'*ai beau regarder*** : avoir beau ＋動詞「...してもむだである，いくら...しても」．

5) **Je termine cette lettre en te souhaitant...** :「あなたに...をお祈りしながら，この手紙を終わらせる」．この結びの書き方も，バリエーションとして覚えておくと使えそうです．

6) **je me réjouis de te lire bientôt.** :「もうじき，あなたのお手紙を読むのを喜びとしている」．ほんのちょっと気取った雰囲気で終わらせます．

automne

秋

天高しシャガールの絵の青よりも　稲畑汀子

Ciel profond d'automne
　　plus bleu encore qu'un Chagall

octobre 10月

　10月に入って秋本番となります．そこで，日本の秋は何色？と問われると，紅葉を想像してしまいますが，古来秋の色は「白」なのだそうです．とくに，秋に吹く風の色は白：「石山のいしより白しあきの風　芭蕉」．大相撲土俵上の吊り屋根の房も，西の方向つまり秋は，白虎を表す白房です．しかし一方，自然の草木の色どりが移りゆくさまをあらわす「秋色」という季語もあるようです．それでは，フランスの秋風は何色に吹く？となるともう？？？

　しかし，フランスの秋は何色？と考えると，紅葉というよりはむしろ，枯葉の色が目に浮かびます．収穫の秋，vendanges の秋なのですが，枯葉（feuilles mortes）の秋でもあるのです．思い出と後悔の念が枯葉とともに掃き寄せられ，北風がそれらを忘却の夜に運び去る… と，これはシャンソンでしたが，フランスの田舎の道で，枯葉が陽をあびて金色に舞っていたのも思い出します．もしかしたら，フランスの秋風は金色に吹くのかもしれません．

Mercredi [7 octobre 1942]

　On a fait 14 1/2 hier soir. J'espère que par le chaud soleil d'aujourd'hui on fera davantage... Mais le baromètre baisse.

　「昨夕（収穫したブドウのアルコール度は）14 1/2 でした．今日の暑い太陽で，さらに度数が上がることを願っているのですが…しかし，気温は下がっています」

　これは，フランソワ・モーリヤックがボルドー近郊の自家のシャトー（ブドウ園）から妻に出した手紙です．vendanges（ブドウ摘み取り）の日の気温によって，その年のワインの善し悪しに影響がでるのです．秋色も深まり，収穫もはかどっているようです．

10-1　弟の夢　香織からミシェルへ

Tokyo, le 8 octobre ****

Bonjour, chère Michèle,

Il me semble que cela fait longtemps que tu ne m'as donné de tes nouvelles. J'espère qu'elles sont bonnes et qu'elles arriveront bientôt.

Nous sommes rentrés il y a bientôt un mois et je travaille doucement. Mon frère Ken, lui, étudie d'arrache-pied, car il est en terminale et prépare son concours d'entrée à l'université. Il dort peu, suit des cours préparatoires et passe des examens blancs le dimanche. Il n'a pas un jour de répit! Le rêve de Ken, c'est de faire médecine. Avec six ans d'études en perspective, il n'est donc pas question pour lui de perdre une année. A propos, sais-tu comment on appelle les jeunes qui échouent au concours d'entrée et qui sont obligés de passer un an de plus dans les écoles préparatoires avant de se représenter? On leur donne le nom de «rônin», ce qui signifie «samouraï sans maître». En effet, ils ne sont plus lycéens et pas encore étudiants. C'est amusant, non? Pour ne pas faire de bruit à la maison, je sors très souvent avec mes amis. Un excellent prétexte...

Ken et moi t'adressons nos plus sincères amitiés.

Kaori

ミシェル様
長い間お便りがありませんが、良いお便りをもうすぐ受け取れたらいいなと思っています。

新学期になってもうじき1か月，わたしも少しは勉強をしていますが，弟の健は，猛勉強をしています．というのも彼は高校3年生で，大学入試を控えているからです．少ししか眠らず，予備校に通い，毎日曜日に模擬テストを受けているのです．彼には1日の休みもありません！　健の夢は医学の勉強をすることです．将来6年間の勉強が必要ですから，1年間無駄にすることは論外なのです．ところで，入学試験に失敗して，再受験するまで，もう1年予備校に通わなければならない若者のことを，なんて呼ぶかわかりますか？　「浪人」，主人のいない侍，と言うのです．実際，彼らはもう高校生ではありませんし，まだ大学生でもありません．おかしいでしょう？家でうるさくしないように，私はよくお友達と外出します．素敵な口実です…
　健からもよろしくとのことです．友情をこめて

香織

● ●

NOTES

1) ここでは，便りのない人に手紙を催促してみることにしましょう．

Il me semble que cela fait longtemps que tu ne m'as donné de tes nouvelles.

longtemps を une éternité「永遠」に代えると，少し強調された言い方になります．

Il me semble que cela fait une éternité que tu ne m'as donné de tes nouvelles.

ずいぶんと長い間 お便りがないようです．

書くときには，このような従属節の中では ne の後の pas を省略します．

こんな手紙を受け取ったことがあります：

Où est-tu?　Que fais-tu?　Que deviens-tu?　J'espère avoir bientôt de tes nouvelles.

どこにいるの？　なにをしているの？　どうなっているの？　もうすぐ便りがあるのではと思っています．

ちょっと可愛らしい表現ですが，くだけた手紙になら使えます．

Il y a longtemps que je n'ai reçu de vos nouvelles. Pour moi, mon affaire va toujours de même…「長い間便りを受け取っていませんが，僕のほうは仕事も相変わらずです」

C'est tout simplement pour vous demander de vos nouvelles, que je n'ai eues depuis longtemps. Je me porte très bien à présent; et pour les affaires, elles ne marchent pas mal…

「長い間便りがないので，どうしているかと思って書いただけです．僕は今とても元気ですし，仕事のほうもうまく行っています」

この2通の例は，詩人ランボーが1880年代にアラビアやアフリカから家族に出した，とても短い手紙の冒頭です．天才詩人の少々そっけない表現，少し古いけれど，使わせてもらえるでしょうか？

2) **d'arrache pied**：「たゆまず，ひるまず，猛烈に，熱心に」．travailler, lutter といった動詞とともに使われる成句です．

3) **en terminale**：classe terminale「リセ(高校)の最終学年」のこと．

4) **des examens blancs**：copie blanche は「白紙の答案」．しかし「白い試験」とは「模擬試験」のことです．

10-2　鉄道記念日　浩志からラクロワ氏へ

Tokyo, le 14 octobre ****

Cher ami,

Je vous remercie pour les jolies photos du Musée français du chemin de fer. Je vois que vous n'avez pas oublié ma passion pour les trains.

Figurez-vous que c'est justement aujourd'hui au Japon le jour anniversaire du chemin de fer. L'inauguration officielle du premier train eut lieu le 14 octobre 1872. Ce jour-là, la première ligne Tokyo-Yokohama, un tronçon de 26 km, fut mise en service. L'Empereur Meiji était passager d'honneur. Devant une foule médusée, le train à vapeur s'ébranla dans un vacarme épouvantable, pour effectuer le parcours à la vitesse de 30 km/h! A l'époque, les sièges étaient recouverts de tatamis. Locomotive et wagons avaient été importés d'Angleterre, et les conducteurs étaient tous étrangers. Et voici une devinette: savez-vous quels étaient alors les objets trouvés les plus courants dans les gares? Les parapluies, non. Les socques de bois, que les voyageurs quittaient avant de pénétrer dans les wagons comme ils le font avant d'entrer chez eux! Les temps ont bien changé, et notre Shinkansen, équivalent du T.G.V. peut désormais rouler à 300 km/h.

En espérant avoir le plaisir de le prendre un jour en votre compagnie, je vous adresse, cher ami, mes meilleures salutations.

Hiroshi

拝啓
　フランスの鉄道博物館のきれいな写真を有難うございました．私が鉄道マニアだったことを覚えていて下さったのですね．
　なんと，まさに今日は日本の鉄道記念日なのです．最初の汽車の開通式は1872年10月14日に行なわれました．この日，最初の路線，東京－横浜間の26キロ分が開通しました．明治天皇が名誉乗客と

なられました．呆然とした群衆を前に，機関車がものすごい轟音とともに動き出し，時速30キロで走ったのです．当時，座席には畳が敷いてありました．機関車も客車も英国から輸入されたものでしたし，運転手もみんな外国人でした．ここで，謎をひとつ：当時，駅で一番多かった忘れ物はいったい何かおわかりでしょうか？傘？いいえ違います．それは下駄です．乗客たちが，家に入るときと同じように，客車に乗る前に下駄を脱いだ，というわけです．それ以来時代は大きく変わり，フランスのT.G.V.に当たる我々の新幹線は，時速300キロで走ります．

いつか，ご一緒に新幹線に乗ることを楽しみにしております．

　　　敬具

　　　　　　　　　　　　　　　　　　　　　　　　　　　浩志

NOTES

1) **Je vois que vous n'avez pas oublié…** :「…を覚えていて下さったのですね」．
   Je vois que tu n'as pas oublié notre anniversaire de mariage.
   私たちの結婚記念日を覚えていて下さったのね．

2) **le jour anniversaire**：「記念の日」．出来事の記念日については，このようにanniversaireを形容詞として使うことが多いですが，人に関しては，名詞として使ってそのままで「記念日，誕生日」になります．

3) **la première ligne, Tokyo-Yokohama… *fut mise en service*** : mettre en service「開通させる」の受動態です．en service「使用中，運転中」．その反対がhors service「使用不能」．

4) **les conducteurs étaient *tous* étrangers** : tousは不定代名詞「すべて，みんな」．

5) **les objets trouvés** : 日本語では「忘れ物」，フランス語では「見つけられた物」，同じ物なのに！

6) **les socques de bois** : ここでは「下駄」ですが，底の厚い木のサンダルや木靴のこと．家に入るときに限らず，日本では気軽に人前で，履物や靴を脱ぎますが，「人前で靴を脱ぐ」ことはフランスのクラシックな礼儀作法ではかなりお行儀の悪いこと．それだけに，履物をどのような場面で脱ぐか，ということに対して注目度が高いようです．

7) **T.G.V. (train à grande vitesse)** :「フランス新幹線」．

10-3　野球観戦　香織からミシェルへ

Tokyo, le 30 octobre ****

Chère Michèle,

Devine d'où je t'écris, en ce moment? Des gradins d'un stade de base-ball. J'attends l'ouverture d'un match important, car figure-toi que l'équipe de notre université est parvenue cette année en finale du Tournoi National des Etudiants! En réalité, je ne suis pas une «fan» de base-ball, mais une de mes amies a tellement insisté pour que j'y assiste que j'ai fini par céder. Le base-ball, c'est vraiment un des sports les plus populaires au Japon. Il a été introduit des Etats-Unis en 1873. Les matchs professionnels sont diffusés presque tous les soirs à la télévision, sauf en hiver. Et les meilleurs joueurs sont de véritables stars. Ah, ça y est! Ça commence! Je vois mon amie, au milieu du groupe des supporters filles. Elle est en train d'exécuter une danse de majorettes et elle manie fort bien le bâton. Il faut dire qu'elle s'est entraînée toute l'année! Les garçons, eux, hurlent des slogans.

 Me voici de retour à la maison. Hélas, l'équipe de notre université a été battue: 7 à 8! Pourtant, ce n'est pas faute d'encouragements. Nous nous sommes tous époumonés... C'était une journée épuisante, mais je dois reconnaître qu'on s'est bien amusés. Et toi, as-tu déjà assisté à un match de football en France? Si oui, raconte-moi l'ambiance des stades les soirs de grands matchs.

 En attendant le plaisir de te lire, je t'envoie toutes mes meilleures amitiés.

Kaori

ミシェル様

 今どこから書いているのか当てて下さい．野球場のスタンドです．大事な試合が始まるのを待っているところ．というのも，私たちの大学チームが全日本大学野球選手権の決勝に勝ち進んだのです．私は，じつは野球ファンではないのですが，お友達のひとりからあまり勧められたので，ついに根負けしてここに来ています．野球は，確かに日本で最も人気のあるスポーツのひとつです．1873年に，アメリカから入ってきました．プロ野球の試合は，冬の間を除くと，ほとんど毎晩テレビで放映されていますし，最良の選手は本物のスターです．あっ！ 始まります！ 私のお友達は女性応援団の真ん中で，バトントワラーのダンスをしながら，バトンをとても上手に操ってい

ます.なにしろ彼女は,一年中トレーニングに励んでいたのですから!男の子たちのほうはスローガンを叫んでいます.
　家に戻ってきました.残念ながら,私たちの大学のチームは7対8で負けてしまいました!でも,応援が悪かったわけではありませんよ.みんな,声をからして応援したのです...とても疲れた一日でしたが,ずいぶん楽しんだことも確かです.あなたはフランスで,サッカーの試合を見たことがありますか?もしもあったら,大試合の夜,スタジアムの雰囲気がどんなものか教えて下さい.
　お便りお待ちしています.友情をこめて

香織

NOTES

1) 野球文化圏という言葉を聞いたことがあります.どんなスポーツが盛んに行なわれているか,を基準にして世界地図を色分けしたら,日本はやはりまだ「野球色」,フランスは「サッカー色」でしょうか.フランスの場合はそこに「自転車競技」と「モータースポーツ」の色が混じってくるかもしれません.いえ「テニス」色も忘れるわけにはいきません.Tour de France (ツール・ド・フランス), Vingt-quatre Heures du Mans (24時間耐久オート・レース), Roland Garros (全仏オープン・テニス) など日本でも知られていますね.ちなみにフランス語では,サッカーはfootball,野球はそのままbase-ballです.

2) **finale** : = épreuve finale「決勝戦,ファイナル」.準決勝は quart de finale, 準々決勝は huitième de finale.

3) **fan (fana)** :「ファン」(男女同形).

4) **j'*ai fini par* céder** : finir par ＋動詞「ついに...する」.

5) **au milieu du groupe des *supporters filles*** : supporter (supporteur)「（特にスポーツの）応援をする人，ファン，サポーター，政治家の支持者」．英語から来ていますから，そのまま女性形にするわけにはゆきませんので supporter fille となりました．

6) **une danse de *majorettes*** : majorette「バトンガール，バトントワラー」．米語の drum majorette（軍楽隊の婦人楽長）から来ているそうです．drum major の女性版です．

7) **Nous *nous sommes* tous *époumonés*...** : s'époumoner 「息切れする」．poumon（肺）からできた単語です．

novembre 11月

　11月は la Toussaint 「諸聖人の祝日（カトリック），万聖節（プロテスタント）」で始まります．この日の前夜がハロウィーンです．近頃は派手なかぼちゃのディスプレーとともに，フランスでもよく祝うようになりましたが，フランスに特有の祭りではありません．La Toussaint のほうは835年に法王グレゴリオ四世によって，すべての聖人のための祝日ときめられて以来，古くからあった死者のための祭りと一緒になって，ちょうど日本の彼岸のような日になっています．家族そろってお墓参りに行く日です．そして，そのとき持って行くのは菊，墓地には菊の花があふれます．なぜかフランスに行くと，菊はお墓に供える花なのです．ですから，ふつう，菊の花は贈り物にはしないようです．そして11月25日は la Sainte-Catherine（聖カタリナ祭）．未婚の25歳の女性たちが，まか不思議なデザインの黄色と緑の帽子をかぶってお祝いをする所があります．モード関係とかお針子さんたちのお祭りとか．何かと口実を見つけては楽しむのが上手なフランスの人たち，catherinette（未婚の25歳）の友人がいて，小さなパーティーがあったのを思い出します．
　しかし季節は足早に冬に近づき，作家コレットのお母さんは，風邪をひいた猫のためにミルクを温めています：

19 Novembre 1909

　　Deux mots seulement, mon chéri Minet, pour te dire que j'ai reçu ta lettre cet après-midi. ...

　　Je t'écris chez moi, mais je n'y vois plus. Il est quatre heures et demie. J'ai fait chauffer du lait pour ta Minne qui est enrhumée.

　　Ecris-moi, amitiés à Missy.　　　　　　　　　　　　　　　Ta mère.

　「おまえの手紙今日の午後受け取りました．それを知らせるために一言だけ書きます．…うちで書いていますが，もう暗くて見えません．4時半です．風邪ひきのおまえのミヌ（猫）のために，ミルクを温めました．手紙を下さいな．ミッシーによろしく．母」

11-1　秋の学園祭　香織からミシェルへ

Tokyo, le 9 novembre ****

Chère Michèle,

C'est avec grand plaisir que j'ai lu ta dernière lettre. Je vois que tu as commencé à préparer sérieusement ta maîtrise. Je te souhaite beaucoup de courage!

Voici l'automne qui arrive. Mais à Tokyo, ce n'est pas une saison triste: le ciel est bleu et il ne fait pas encore froid.

Ce week-end, dans mon université, c'était la fête des étudiants. Il y avait toutes sortes de stands et de spectacles organisés par les étudiants eux-mêmes. Presque tous les clubs étaient représentés: si les plus populaires sont les clubs sportifs, il y a aussi des clubs culturels et d'autres plus originaux, comme celui des supporters de matchs, dont l'entraînement consiste à hurler le plus fort possible! Quant à moi, j'appartiens au club de tennis et mes camarades et moi, nous tenions un stand de «oden». C'est une sorte de pot-au-feu composé entre autres de pâte de poisson et de tofu frit aux légumes et aux algues, que l'on fait cuire plusieurs heures dans un bouillon spécial. C'est une des spécialités japonaises les plus populaires. Je t'en ferai goûter lorsque tu viendras au Japon. Nous avions volontairement un peu forcé sur le sel et les boissons du stand d'à côté se sont très bien vendues. Solidarité oblige! Comme tu vois, nous nous sommes bien amusés.

J'espère que tu passes toi aussi d'agréables moments.
Amitiés,

Kaori

ミシェル様

　お便りとてもうれしく拝見しました．本気で修士号の準備を始められたのですね．どうぞ，がんばって下さい．

　秋になりました．でもこの季節，東京はそんなに陰鬱ではありません．空は青いし，まだ寒くもありません．

　この週末，わたしたちの大学では学園祭でした．学生自身の企画した，いろんな種類の屋台や出しものがありました．ほとんどすべてのサークルが参加しています．スポーツのサークルが一番人気がありますが，文化的なサークルや，できるかぎり大声を張り上げる訓練をしている応援指導部のようなユニークなサークルもあります！　私は，テニスのサークルに入っているので，友人たちと，おでんの屋台を出しました．「おでん」というのは，一種の煮込みで，とくに魚肉の練りものや，「がんもどき」などを何時間も特別なだしで煮込みます．これは日本で最もポピュラーなお料理のひとつです．日本にいらしたら，試食してみて下さい．わたしたちが，わざと塩をちょっと多めに入れたので，となりのスタンドの飲み物がとっても良く売れました．連帯の精神に富んでいるでしょう！　おわかりのとおり，私たちはとても楽しみました．あなたもどうぞ，快適な時間をお過ごし下さい．

　ではまた

　　　　　　　　　　　　　　　　　　　　　　　　香織

●●●

NOTES

1) …**tu as commencé à** *préparer* **sérieusement** *ta maîtrise* : préparer sa maîtrise (sa licence)「修士（学士）号の準備をする」．所有形容詞とともに使います．baccalauréat「大学入学資格試験」に合格後，大学に入ると，最初の2年間でD.E.U.G.（大学一般教育免状）を取り，2e cycle「第2課程」に入って，1年目にlicence「学士」，2年目にmaîtrise「修士」が取得できます．

2) **fête des étudiants**:「学生の祭り，大学祭，学園祭」.

3) **une sorte de** *pot-au-feu*：pot-au-feu「ポトフ」．牛肉や野菜を大きな塊のまま，グツグツと煮込んで作ります．家庭料理の代名詞ですから，イメージとしては「なべ料理」でしょうか．「家事，家事に凝るマイホーム主義者」の意味にもなります．

   Mon frère et ma belle sœur, ils sont très *pot-au-feu*.
   私の兄のところは，とってもマイホーム主義なのよ．

4) **pâte de poisson**：「魚肉の練りもの」．pâte は「生地，ペースト状のもの，（複数で）パスタ，めん類の総称」を指します．食物とはかぎらず pâte dentifrice は「練歯磨き」．

5) **tofu frit aux légumes et aux algues**：「野菜と海草入りの揚げた豆腐」．「がんもどき」をこんな風に説明してみましたが…「おでん」など巻末の日本紹介ミニリストを御参照下さい．

6) **Nous** *avions* **volontairement un peu** *forcé sur* **le sel**：forcer sur…「…を過度に使う」．

7) **Solidarité oblige.**：「連帯のためには，そうすることが義務となる」．
   Amitié oblige. 友情のためなのだから，当然そうするべきだ．
   cf. p.22

11-2　七五三のお宮参り　浩志からラクロワ氏へ

Tokyo, le 15 novembre ****

Cher ami,

Je vous remercie pour la documentation que vous m'avez fait parvenir concernant les cours de la Sorbonne. Mon amie m'a prié de vous adresser ses remerciements, ne pouvant malheureusement pas encore le faire elle-même en français.

Hier, Sachiko et moi sommes allés au temple avec Miyuki, qui fête cette année ses trois ans. En effet, c'était le jour de «Shichi-go-san», qui signifie en français «sept-cinq-trois». Il s'agit d'une sorte de rite qui marque la fin de la petite enfance. Il a lieu une première fois à l'âge de 3 ans, puis se répète à 5 ans pour les garçons et à 7 ans pour les filles. Au temple, nous avons croisé beaucoup d'enfants, vêtus comme Miyuki de leurs plus beaux atours: «kimono» pour les filles et «hakama» pour les garçons. Je vous laisse imaginer la fierté de notre petite fille ainsi parée! Après une courte prière pour demander bonheur et santé, Miyuki a reçu, comme le veut la tradition, un sac en papier de couleur contenant des sucres d'orge rouges et blancs appelés «chitose ame», censés lui assurer mille années de bonheur. Je vous enverrai quelques photos de cette jolie fête traditionnelle japonaise, qui, me semble-t-il, n'a pas d'équivalent en France.

En attendant le plaisir de vous lire, je vous adresse, ainsi que Sachiko, mes pensées les plus amicales.

Hiroshi

拝啓
　　ソルボンヌの講義に関する資料をお送り下さり，有難うございました．友人からあなたに感謝の気持ちをお伝えするように頼まれました．残念ながら，彼女自身はまだ自分でフランス語でお礼状を書くことができないのです．

　　昨日，私は幸子と，今年3歳の祝いをするみゆきを連れて神社に行きました．フランス語で7,5,3の意味の，「七五三」の日だったのです．これは，幼年期の終わりをしるす一種の儀式です．まず最初は3歳で祝い，次に，男の子は5歳，女の子は7歳で祝います．神社で私たちは，みゆきのように，晴れ着で着飾った多くの子供たちと出会いました．女の子は「着物」で，男の子は「袴」です．娘のみゆきが，そんな風におしゃれをして鼻高々だったことをご想像下さい．幸福と健康を願う短いお参りをした後で，みゆきは，習慣にしたがって，千歳飴と呼ばれている赤や白の飴の入ったカラフルな紙袋をもらいました．この飴は千年の幸福を保障すると言われています．この日本の可愛い伝統的な祭りの写真を何枚かお送りしましょう．フランスには同じような祭りはないのではないでしょうか．

　　お便りを楽しみにお待ちしております．幸子からもよろしくとのことです．
　　　敬具
　　　　　　　　　　　　　　　　　　　　　　　　　　浩志

NOTES

1) **...que vous m'avez *fait parvenir*** : parvenir「...に届く」に faire を付けて faire parvenir「送る」．envoyer よりも丁寧で，固い文体になります．

　Veuillez me faire parvenir une documentation concernant votre établissement.
　貴社に関する資料を御送付下さい．

2) **vêtus comme Miyuki de *leurs plus beaux atours*** : mettre ses plus beaux atours「とっておきの衣装で飾り立てる，最大級のおしゃれをする」.

3) **kimono**：フランス語（男性名詞）の単語としてすでに定着しています。「着物，着物風の部屋着，柔道着など」.

4) **Je vous *laisse imaginer* la fierté** : Je vous *laisse imaginer* notre joie, lorsque nous avons appris que … （…だと知ったときの私たちの喜びを，ご想像いただけますでしょうか）と書くと，Imaginez notre joie, lorsque…と書くよりも丁寧な文章になります。

5) **sucre d'orge**：「大麦あめ，棒状のあめ」.

11-3　渋谷で待合わせ　香織からミシェルへ

Tokyo, le 29 novembre ****

Chère Michèle,

Comment s'est passé ton exposé sur la culture japonaise? J'espère que les documents et les photos que je t'ai envoyés ont pu t'être utile. Tu n'as pas eu trop le trac?

Aujourd'hui, je suis sortie avec des amies d'université à Shibuya, un des quartiers les plus branchés de Tokyo. Nous nous étions donné rendez-vous devant la statue de Hachiko. C'est le point de rendez-vous le plus connu de Tokyo. Hachiko était un chien fidèle qui continua, pendant des années après la mort de son maître, à venir l'attendre devant la gare comme il avait l'habitude de le faire. Aujourd'hui, il est toujours très entouré... D'abord, nous avons déjeuné dans un restaurant italien. Ensuite, nous avons fait les magasins et ce n'est pas ça qui manque à Shibuya, je t'assure! Nous nous sommes toutes ruinées. Il nous restait tout de même assez pour nous offrir une séance de cinéma. Nous avons vu un film français en V.O., sous-titré, bien entendu. J'ai encore bien des progrès à faire pour comprendre la langue de Molière, ou plutôt, la langue des jeunes Français d'aujourd'hui. Enfin, soyons optimistes!

Je te souhaite bon courage pour tes prochains partiels et me réjouis de recevoir bientôt de tes nouvelles.

Amicalement à toi,

Kaori

ミシェル様

日本文化についてのあなたの研究発表は如何でしたか？お送りした資料や写真がお役に立ったことを願っています．ひどくあがったりしませんでしたか？

今日は，大学のお友達と一緒に，東京で最も流行っている場所のひとつ，渋谷に出かけました．私たちはハチ公の銅像の前で会う約束をしました．そこは東京でいちばん有名な待合せ場所です．忠犬ハチ公は，ご主人が亡くなってから何年もの間，以前のように駅前までご主人を迎えに来ていたのです．今では，ハチ公の銅像はいつでも大勢の人たちにとり囲まれていて，ハチ公もさみしくないでしょう．私たちはまず，イタリアンでランチを食べました．それからショッピングをしましたが，渋谷には店がほんとう

に沢山あって，みんなのお財布は空になってしまいました．でも映画を一本見るくらいは何とか残っていたので，フランス映画を字幕スーパー付の原語版で見ました．フランス語，というより今の若い人たちのフランス語が分かるようになるには，私にはまだまだ修行が必要です．でもきっと分かるようになりますよね．

　次の中間テスト，どうぞがんばって下さい．お便り楽しみにしています．

　友情をこめて

香織

・・・

NOTES

1) **Comment s'est passé ton exposé sur...?** :「…についての発表はいかがでしたか」.

   Comment se sont passées tes vacances?
   バカンスはいかがでしたか．
   「…はいかがでしたか？」．手紙にはよく出てくる言い方です．主語が動詞の後におかれます．過去分詞の一致にも要注意ですね．

2) **Tu n'*as pas eu* trop *le trac*?** : avoir le trac「(緊張して) あがる」.
   Il〔Elle〕est très traqueur〔traqueuse〕.
   彼〔女〕はすぐにあがる．

3) **des amies d'université**:「大学の友達」. un ami d'enfance「子供時代の友達」, une amie de lycée「中学，高校の友達」, des amis de vacances「バカンス中に出会った友達」．

4) **Nous avons fait les magasins** : faire les magasins「店を見て歩く」. faire tout le quartier「その地区をすべて見る」．

J'ai fait tout le quartier, mais je n'ai pas trouvé de «Print Club».
そのあたりは全部見たけれど，プリクラは見つからなかった．

5) **ce n'est pas ça qui manque** : il y en a vraiment beaucoup「ほんとうに沢山ある」．

6) **en V.O.** : en version originale「(吹替えではなく) 原語版の」．

7) **la langue de Molière** :「モリエール (17世紀フランス古典喜劇作家) の言語」，つまり「フランス語」のことですが，ここでは，聴き取りの難しい，若者言葉のフランス語と対比されています．ちなみに la langue de Shakespeare「シェークスピアの言語」と言えば「英語」のこと．

décembre 12月

12月は，何といっても Noël（クリスマス）の月．«Noël» という言葉はラテン語の natalis dies（生誕の日）から来ています．そして，もちろん，クリスマスカードと年賀状の季節です．

これは，8歳の少年がお祖母さんに宛てた年賀状：

[Rouen, 1er janvier 1830]

Je te souhaite une bonne année. Comment vous portez-vous tous? Tu feras mes compliments à mon oncle à ma tante à ma cousine (...) Je vous souhaite une bonne année à vous tous.

Ton petit fils.

GUSTAVE FLAUBERT

「おめでとうございます．みんなお元気ですか．おじさん，おばさん，いとこ(...)によろしくおつたえ下さい．みなさんに，おめでとうございます．あなたの孫　ギュスターヴ・フロベール」

そしてほぼ1年後，早熟な，後の文豪はこんな風に書きます：

[Rouen, le 30 décembre 1830]

Bonne Maman!

Je m'empresse de remplir mon devoir en vous souhaitant la bonne année. Je profite de cette même occasion pour en souhaiter une pareille à mon oncle et à ma tante, et la consoler de ce qu'elle a perdu son chien.

Ton respectueux petit fils.

GUSTAVE FLAUBERT

「お祖母さま　とり急ぎ，ぼくの務めで，良い年をお祈りします．この機会に，おじさんとおばさんにも，同じく良い年を，そして，おばさんには，愛犬を亡くされたことにお悔やみを言います．敬意をこめて，あなたの孫　ギュスターヴ・フロベール」

«souhaiter une bonne année» という言い方は年末にも年始にも使える，ということを，おませな少年ギュスターヴの年賀状が教えてくれました．

12-1　忘年会　浩志からラクロワ氏へ

Tokyo, le 15 décembre ****

Cher ami,

Je vous remercie de votre dernière lettre, qui m'a fait très plaisir. Félicitations pour l'obtention de votre permis moto! Désormais, avec une 750 cc, il va vous falloir redoubler de prudence!

Hier, mes collègues et moi avions organisé une «bonenkai», littéralement «soirée pour oublier l'année», une occasion de détente traditionnelle au mois de décembre. Notre patron s'était joint à nous. Nous sommes allés dans une «nomiya», une sorte de bar qui propose également une restauration légère. La soirée a été bien arrosée. Comme il se doit, nous avons évoqué les souvenirs de l'année. Certains en ont profité pour présenter leurs doléances. En effet, il est convenu que tout propos tenu sous l'empire de la boisson sera oublié le lendemain. Cela permet aux employés d'exprimer sans conséquences fâcheuses leur stress accumulé au travail. Cependant, dans l'ensemble, l'atmosphère était joyeuse. A la fin de la soirée, hors d'état de rentrer chez eux par les transports en commun, certains ont du être mis dans un taxi. La société japonaise est en général très tolérante envers ce genre d'excès. Une autre soirée est prévue au mois de janvier, pour fêter la nouvelle année.

Je termine cette lettre en vous souhaitant un Joyeux Noël, et en vous présentant, ainsi qu'à votre famille, mes meilleurs vœux pour la nouvelle année.

Hiroshi

拝啓
　この前のお便りどうも有難うございました．バイクの免許を取得されたとのこと，おめでとうございます．これからはナナハンですから，前にも増してお気をつけになって下さい．
　きのうは，同僚と忘年会をしました．文字どおり「年を忘れるための会」ですが，12月に恒例の息抜きをする機会でもあります．社長も参加していました．我々は「飲み屋」に行きましたが，これは軽い食事も出してくれるバーのようなものです．昨夜はふんだんに酒が出され，当然のことながら，今年の出来事が話題になりました．これを機に，不平不満をぶちまける人たちもいます．というのも，酔った勢いで話されたことは，翌日には忘れるということになっているのです．こうして，働いている人々は仕事でたまったストレスを，まずい結果を引き起こすことなしに解消できるわけです．しかし，全体としては，陽気な雰囲気でした．忘年会も終わる頃には，何人かは公共の交通機関では家に帰れない状態で，タクシーに乗せてあげる必要がありました．日本の社会は一般にこうしたアルコールの飲みすぎには寛容なのです．1月にはまた新年を祝う会があるでしょう．
　末筆ながら，あなたとあなたのご家族に，楽しいクリスマスと良い新年をお祈りいたします．

　　　　　　　　　　　　　　　　　　　　　　　　　浩志

NOTES

1) **il va vous falloir** *redoubler de* **prudence!** : redoubler de…「…を倍加する」．

2) **mes collègues et moi [*nous*] avions organisé…** : 主語が複数あってその中に一人称代名詞を含んでいるときには，nous は時に省略されます．

3) **Notre *patron* s'était joint à nous** : patron はここでは「経営者，社長」ですが

「親方，守護聖人」の意味もあって，労組の書記長も，政党の党首も patron と呼ばれることがあります．フランスでも人間関係が，意外とドライではない一面をのぞかせる単語だそうです．

4) **une *restauration* légère** : restauration「レストラン業，外食産業」．

5) **La soirée a été bien *arrosée*.** : arrosé(e)「水をまいた→ワイン（酒）をそえた」．un dîner bien arrosé「良いワインがふんだんに出た夕食」．

6) ***Certains* en ont profité pour...** : certains（不定代名詞）「ある人たち，一部の人々」．

7) ***sous l'empire de* la boisson** :「酒の勢いで」．sous l'empire de...「...の影響の下に」．

8) ***certains* ont dû être mis dans un taxi** : cf. 6)

9) **ce genre d'excès** :「この種の行きすぎ，不摂生」．この場合は「アルコールの飲みすぎ」のこと．

12-2　メリークリスマス！　ミシェルから香織へ

Paris, le 20 décembre ****

Chère Kaori,

Comment vas-tu ? Je suppose qu'au Japon aussi, les vacances de Nouvel An ont déjà commencé, sauf pour le pauvre Ken, auquel tu souhaiteras bon courage de ma part.

Depuis hier, la maison est en effervescence．Nous avons

tous terminé nos achats de Noël, et le plus dur, c'est maintenant de les cacher avant le jour J. Si tu voyais comme nous avons bien orné la maison cette année! Nous avons acheté un immense sapin de Noël, très odorant, que nous avons décoré tous ensemble. Il est magnifique! Sur la cheminée, nous avons placé la crèche et les santons anciens qui sont dans la famille depuis des générations. Le 24, toute la famille se réunira pour un festin digne d'un grand restaurant: huîtres et saumon fumé en entrée, puis gigot d'agneau accompagné de flageolets, plateau de fromages, et bûche de Noël, le tout arrosé de champagne. Il nous faudra bien un ou deux cafés pour trouver le courage de nous rendre à la messe de minuit. L'église de notre quartier est très jolie et la chorale a préparé de beaux chants de Noël. Au retour, nous aurons le plaisir de découvrir les cadeaux que le Père Noël aura déposés devant la cheminée…

En espérant partager un jour avec toi ces moments émouvants, je vous souhaite à tous un joyeux Noël!

Michèle

香織様
　お元気ですか？もう日本でも新年の休暇が始まっていることと思います．もちろんかわいそうな健は別にして．健には，私からがんばって下さい，と伝言をお願いします．
　きのうから，家中大騒ぎです．私たちはみんな，もうクリスマスの買物を終えましたが，今一番大変なのは，大事な日までそれを隠しておくことなのです．今年は，ほんとにきれいに家の飾りつけをしたのよ！　大きな，とても良い匂いのするクリスマスツリーを買ってきて，

みんなで飾ったのです．素敵なツリーですよ！マントルピースの上には，何代も前から家に伝わっているキリスト生誕の飾りと古い人形たちを置きました．24日には，家族全員が集まって，大きなレストランのようなご馳走をいただきます：アントレに牡蠣とスモークサーモン，次に白いんげん豆添えの羊の腿肉，いろいろなチーズ，そして薪の形のクリスマスケーキ，飲み物はずっとシャンパン．真夜中のミサに出かける元気を出すために，1,2杯のコーヒーが必要になるでしょう．私たちの地区の教会はとてもきれいですし，聖歌隊は美しいクリスマスの歌を準備しています．帰宅すると私たちには，サンタクロースが暖炉の前に置いていったプレゼントを見つける楽しみがあるのです．

　こうした感動的な時間を，いつかあなたとご一緒できたらと願いながら，皆さんにメリークリスマス！

ミシェル

NOTES

1) **le jour J**：「大事な日，待ちに待った日」．

2) *Si tu voyais* **comme nous avons bien orné la maison.**：「ほんとうにきれいに家の飾りつけをした」．
   Si tu voyais comme c'est beau, Kyoto.
   ＝ Kyoto est vraiment beau.　京都はほんとうに美しい．

3) **cheminée**：「暖炉，マントルピース」．今では，暖房のためというよりも，「床の間」の感覚．

4) **la crèche**：もともとは「まぐさ桶」のことですが，クリスマスの頃，教会の入口や祭壇のそば，あるいは家庭に飾られるキリスト生誕の情景を表した群像のこと．

5) **les santons**：「サントン」．キリスト生誕の場面に飾る粘土製の人形．プロヴァンス地方のものが多い．

6) **huîtres, …gigot d'agneau, …et bûche de Noël, …**：美味しそうなご馳走がならんでいますが，gigot d'agneau「羊の腿肉」は特別な日のお料理．bûche de Noël は，聖水をふりかけた薪から「薪形のクリスマスケーキ」になりました．

7) **la messe de minuit**：Noël の夜は教会で真夜中のミサが行なわれます．

8) **Père Noël**：「サンタクロース」．

9) **En espérant partager un jour avec toi ces moments émouvants, …**：「いつかあなたと，この感動的な時間を分かち合えることを期待しつつ…」ということですが，この表現も形容詞（émouvants）をいろいろ変化させれば，応用範囲が広そうです．

12-3　除夜の鐘　香織からミシェルへ

Tokyo, le 31 décembre ****

Chère Michèle,

Je te souhaite une très bonne et heureuse année. J'espère que tu as passé un agréable Noël en famille.

Pendant tout le mois de décembre, j'ai travaillé dans un grand magasin au service d'emballage des «o seibo», les cadeaux de fin d'année. Au Japon, ces cadeaux ne se font pas dans la famille ou entre amis. On les offre par contre à ses supérieurs, à son médecin et à tous ceux qui vous ont rendu service. Les entreprises en envoient à leurs clients. Mais récession oblige, on se montre aujourd'hui un peu moins généreux qu'autrefois.

Voilà donc pourquoi je n'ai pas pu t'écrire plus tôt. Aujourd'hui, j'ai aidé ma mère à faire le grand ménage de la maison et à décorer la porte avec les «kadomatsu», des décorations de pin et de bambou. Cela fait partie des préparatifs de Nouvel An. Ce soir, nous dînerons des traditionnelles «toshi-koshi-soba», pâtes très longues censées garantir une vie longue et heureuse. A minuit, nous irons au temple écouter les cloches de «joya» qui sonnent 108 coups pour chasser, dit-on, les 108 désirs impurs du cœur humain.

En espérant que ces cloches chassent également tes soucis, je te renouvelle tous mes vœux pour la nouvelle année.

Amicalement,

Kaori

ミシェル様

とても良い，そして幸福な新年をお迎え下さい．ご家族で楽しいクリスマスを過ごされたことと思います．

12月中ずっと，私はデパートで，年末の贈り物，「お歳暮」を包装する仕事をしていました．日本では，このような贈り物は，家族や友達に贈るのではなくて，上司やお医者様，お世話になった人たちに贈るのです．会社は得意先にお歳暮を贈ります．しかし不況のせいで，以前ほど気前よくはありません．

そんなわけで，もっと早くお便りすることができなかったのです．

今日は母の手伝いをして，家の大掃除をしたり，門に松と竹の飾り，「門松」を飾りました．これは新年の準備のひとつです．今晩，夕食は恒例の「年越しそば」です．そばはとても長いめん類で，長くて幸福な一生を保障するとされています．真夜中には，私たちはお寺まで除夜の鐘を聴きに行きます．108回打ちならされる除夜の鐘は，108の煩悩を追い払ってくれると言われています…

　これらの鐘があなたの心配事も追い払ってくれることを願いつつ，もう一度，良いお年をお迎え下さい．

　　　友情をこめて　　　　　　　　　　　　　　　　　　　　香織

●●●●●●●●●●●●●●●●●●●●●●●●●●●●●●●●●●●●●

NOTES

1) **à tous ceux qui vous ont rendu service**：「あなたの世話をした人々」．指示代名詞 ceux は人々を指します．

2) **foyer**：「暖炉」から「家，家族，家庭」を表します．

3) **faire le grand ménage de la maison**：「大掃除をする」．

4) **pâtes très longues**：そばも pâte のひとつです．*cf.* p.89, 4)

5) **108 *désirs impurs du cœur humain***：「煩悩」．

6) **je te *renouvelle* tous mes vœux pour la nouvelle année**：手紙の冒頭で Je te souhaite une très bonne et heureuse année.と新年の挨拶を書いていますので，もう一度挨拶をくりかえすために je te renouvelle となります．

《クリスマスカード，年賀状》

　フランスではよく «Meilleurs vœux» と印刷されたカードを見かけます．英語のカードだと «Season's greetings» にあたるのでしょうか，この言葉のぴったりした日本語訳がみつからないのですが，直訳すれば「最良の祝福」．
　この言い方を使えば：

　　　Meilleurs vœux pour l'année 2006.
　　　謹賀新年2006年元旦

少し変化をつけて次のようにすることもできます：

　　　Mes vœux les plus sincères pour la nouvelle année.
　　　良い年をお迎え下さい（新年おめでとうございます）．

　親しい相手で，クリスマスカードをかねるのでしたら簡単に：

　　　Joyeux Noël et Bonne Année !
　　　メリークリスマスそして良いお年を！

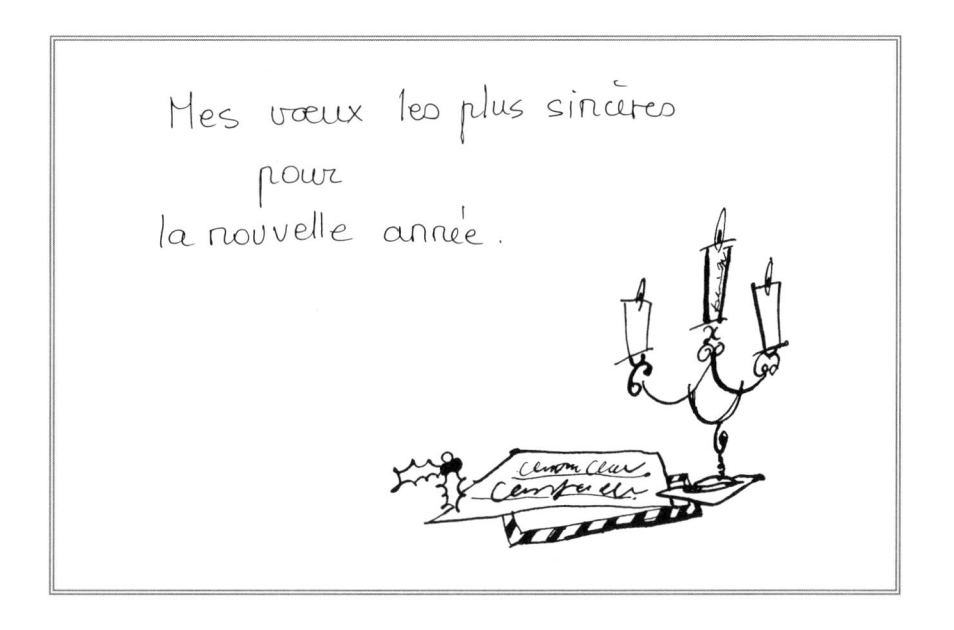

そして少し改まれば，きちんと文章にします．
　　Je vous〔t'〕adresse mes meilleurs vœux pour la nouvelle année.
　　良い年をお迎え下さい（新年あけましておめでとうございます）．
これは，年末でも新年になってからでも書くことができますし，動詞はadresserの他にprésenterも同じように使えます．
　　Je vous〔te〕souhaite un joyeux Noël et une très bonne année.
　　楽しいクリスマスと良い年をお迎え下さい．
　　Que la nouvelle année vous〔t'〕apporte bonheur et santé.
　　新しい年があなたに幸福と健康をもたらしますように．
la nouvelle année の代わりに l'année 2006 あるいは l'année qui commence とすることもできます．
　次に，手紙をクリスマスや新年の挨拶でしめくくるケースを見てみましょう．
　　En vous〔te〕souhaitant un joyeux Noël et une heureuse année, ...
　　あなたに楽しいクリスマスと幸福な年を願いつつ
　　En vous présentant, ainsi qu'à votre famille, mes meilleurs vœux pour la nouvelle année,
　　あなたとご家族の皆様に，良い新年を祈りつつ
　　Avec tous mes vœux de bonheur pour l'année 2006,
　　2006年のご幸運を願いつつ
このような場合には，Je termine cette lettre, en ...ant 「...しつつ，ペンをおきます」と主文を持ってくることも可能ですし，そのままサインをして終わらせることもできます．
　しかし，きまった言いまわしの中にも何かパーソナルな情報が入っているほうが，暖かな便りになります．たとえば日本に来ることを考えているお友達にでしたら：
Je souhaite que cette nouvelle année t'apporte tout plein de bonnes choses, et qu'elle nous donne l'occasion de nous (re)voir, au Japon, j'espère.
　新年があなたに沢山良いことをもたらしますように，そして私たちに，できたら日本で，(また) 会える機会を与えてくれるように願っています．

hiver
·························
冬

スキーヤー転びて景色とまりけり　小林草吾
Chute du skieur
　　　　arrêt sur paysage

janvier 1月

　年が明けると，フランスではあっけないほど静かに，しかもあっという間に休みも終わり，1月の普通の日々が始まります．お菓子屋さんの店先に galette des Rois がおいしそうに並ぶのはその頃です．これは，Epiphanie(=jour des Rois 公現祭：東方三博士がキリスト礼拝に現れた記念日)のお祝いの焼き菓子で，中に fève (ソラマメ，小さな陶器かプラスチックの人形)がひとつ入っています．切り分けたときに，fève の入っている部分をもらった人が roi（王）あるいは reine（女王）となって，その場にいる誰かのほっぺたにキスをすることができるのです．そのかわり，今度はその人がおごらなければなりません．日も短く，寒い日々の続く中で，みんなでちょっと集まって楽しめる，素敵な機会です．

　さて，もしもまだ，受け取ったカードなどに返事を書いてなかったら急ぎましょう．1月15日頃が礼儀としてタイムリミットだそうです．

　Un grand merci pour tes bons vœux. Je te présente les miens les plus amicaux pour la nouvelle année.

「クリスマスカード（お年賀状）をどうもありがとう．友情をこめて，新年おめでとうございます」

　Je vous remercie beaucoup pour vos bons vœux et vous adresse les miens les plus sincères pour cette nouvelle année.

「お年賀状をどうも有難うございました．新年のご多幸を心よりお祈りいたします」

　　　Ma chère Maman,

　C'est non votre fils, mais un glaçon qui vous écrit. Il neige, neige, neige, et, malgré tous les appareils modernes, le froid perce quand même.

「親愛なる母上　お便りしているのは貴女の息子ではありません．氷の塊です．雪がこんこんと降っています．近代的な（暖房）器具にもかかわらず，寒さが身に凍みます」

　これは1894年1月に画家トゥルーズ＝ロートレックがパリから書いた手紙です．それにしても，ほんとうに寒そう...

1-1 おせち料理 香織からミシェルへ

Tokyo, le 2 janvier ****

Chère Michèle,

Ton menu de Noël m'a mis l'eau à la bouche. Je suis certaine que toute ta famille s'est régalée, car je sais que tu es un véritable cordon-bleu!

Chez nous, la cuisine traditionnelle de Nouvel An s'appelle «o sechi-ryori». Elle est préparée plusieurs jours à l'avance et présentée dans une jolie boîte de laque, à plusieurs niveaux. Il s'agit en fait de toute une série de petits mets de goûts et de couleurs différents. Chacun des mets a une signification particulière. Par exemple, les «kuromame», sorte de haricots noirs, sont un symbole de santé et les «kazunoko», œufs de hareng qu'on assaisonne avec de la sauce de soja, un symbole de fertilité. Gourmande comme je te connais, je suis certaine que tu aurais un faible pour le «kuri kinton», une purée sucrée de châtaignes et de patates douces. Je dois t'avouer que j'ai moi-même du mal à y résister. Nous avons beaucoup d'autres spécialités délicieuses, que j'aimerais tant partager un jour avec toi. L'ennui de la cuisine «o sechi», c'est que le menu est le même pendant les deux ou trois jours que durent les congés de Nouvel An. On finit donc par s'en lasser! L'an prochain, pour varier, j'essaierai donc de faire un gigot d'agneau, si tu me donnes ta recette, bien sûr!

Encore une fois, je te souhaite une très bonne année.

Ton amie Kaori

ミシェル様
　あなたのクリスマスメニューを読んだら，お腹がすいてきました．ご家族のみんながご馳走を召し上がったわけですね．だってあなたは本当にお料理上手なんですから．
　私たちの国では，新年の伝統的な料理は「おせち料理」と呼ばれています．何日も前から準備されて，幾重かに重ねられたきれいな漆塗りの箱に入れて供されます．つまり，一揃いの，味や色が様々な小品のお料理なのです．それぞれが特別な意味を持っています．たとえば，一種の黒いインゲン豆のような「黒豆」は健康のシンボルですし，醤油味でいただく「数の子」と呼ばれる，にしんの卵は，豊饒の象徴です．食いしん坊のあなたは，きっと「栗きんとん」つまり栗とサツマイモの甘いピュレ，には目がないでしょう．じつは，私も「きんとん」の誘惑には弱いのです．他にも，たくさん美味しい特別なお料理がありますが，いつか，是非ご一緒に食べてみたいと思っています．「おせち料理」の困った点は，新年のお休みの間中，2,3日，同じメニューだということです．ですから飽きてしまうのです．来年はちょっと変化をつけるために，羊の腿肉のお料理を作ってみようかと思っています．もちろん，あなたからレシピがいただけたら，ですけれども．
　もう一度，あなたにとってとても良い年でありますように．
　友情をこめて

　　　　　　　　　　　　　　　　　　　　　　　　　　香織

NOTES

1) **Ton menu de Noël m'*a mis l'eau à la bouche*** : mettre l'eau à la bouche…「…に食欲を起こさせる」．この l'eau は水は水でも「よだれ」のことで，avoir l'eau à la bouche「欲しくてたまらない」という言い方もあります．
　Elle en a l'eau à la bouche.

　　　　彼女はそれが喉から手が出るほど欲しい．

2) **ta famille *s'est régalée*** : se régaler「ごちそうを食べる」．
　　On s'est bien régalés.　とてもおいしかった．

3) **cordon-bleu** :「料理の名人」．もとは，「聖霊騎士団の騎士の青綬を受けた人」から「卓越した人物」の意味で，男性名詞です．そう言えば「料理の鉄人」もみんな男性ですね．

4) **une jolie boîte de laque, à plusieurs niveaux** :「重箱」のこと．

5) **une série de petits *mets*** : metsは「食事にでる一皿一皿の料理」ですが，platよりもかなり改まった言い方．

6) **Gourmande comme je te connais…** :「あなたは食いしん坊だと知っているので…」(= Comme je te sais gourmande …)．
　　Intelligent comme il est, il comprendra la situation.
　　頭が良いのだから，彼は状況を把握出来るだろう．

7) **tu *aurais un faible pour*** : avoir un faible pour…「…に目がない」．
　　Elle a un faible pour le champagne.　彼女はシャンパンに目がない．

8) **j'ai… du mal à y résister** :「その（きんとんの）誘惑に負けないようにするのは難しい」．avoir du mal à…「…するのが難しい」．résister à…「（誘惑などに）抵抗する」．

1-2 新年おめでとうございます ラクロワ氏から浩志へ

Paris, le 7 janvier ****

Cher ami,

Je vous remercie de vos bons vœux et vous adresse à mon tour les nôtres, à partager avec Sachiko, Miyuki et toute votre famille. Comment s'est passé votre réveillon?

Ma fiancée et moi, nous avons passé le nôtre en compagnie de plusieurs couples amis. En effet, si Noël est par excellence une fête familiale, le réveillon du Nouvel An est souvent une occasion de se réunir entre amis. Tout le monde a participé à la préparation du festin. Pour ma part, j'étais chargé d'ouvrir les huîtres. Je crois que j'aurais du mal à me reconvertir en écailler! Le repas, savoureux, a été copieusement arrosé de grands crus millésimés. A minuit, sous une branche de gui suspendue pour l'occasion, tout le monde s'est embrassé pour se souhaiter la bonne année aux cris de «Au gui l'an neuf!», formule un peu surannée, mais traditionnelle. Serpentins et confettis ont volé, à la grande joie des enfants. Les plus grands ont trinqué au champagne, autorisant exceptionnellement les petits à y tremper le bout des lèvres. Avant de rentrer, nous sommes passés chez mes parents pour échanger nos vœux et boire une dernière coupe de champagne. Puis nous avons téléphoné à ceux de Brigitte, qui habitent dans le sud de la France.

En espérant partager un jour avec vous ces moments exceptionnels, je vous renouvelle mes vœux les plus sincères et me réjouis de vous lire bientôt!

Bien à vous,

Frédéric Lacroix

　　　　拝啓
　　年賀のご挨拶状を有難うございました．貴兄と幸子さん，みゆきちゃん，そしてご家族のみなさまに，新年おめでとうございます．大晦日の夜はどのように過ごされましたか？
　　私の婚約者と私は，何組かのカップルの友人たちと共に大晦日の夜を過ごしました．というのも，クリスマスはとくに家族の祝いですが，大晦日のレヴェイヨンのほうはしばしば，友人どうしで集まる機会なのです．みんなが祝宴の準備に参加しましたが，私は牡蠣の殻を剥くのを引き受けました．しかしどうも私は，エカイエ（牡蠣剥き職人）に転職できそうにありません．食事も美味でしたが，収穫年度入りの上等なワインがふんだんに振る舞われました．真夜中になると，この時のために吊り下げられたヤドリギの枝の下で，みんながお互いにキスをしあって，少し古いのですが伝統的な言い回し「オギランヌフ」（新年おめでとう）と叫んで新年を祝福しました．紙テープや紙ふぶきが舞って，子供たちは大喜びでした．大人はシャンパンで乾杯をし，子供たちも，とくべつに，シャンパンをちょっとだけ味わうことが許されました．家に帰る前に，私の両親のところに寄って，新年の挨拶をかわし，シャンパンの最後の一杯を飲みました．それから，（私の婚約者）ブリジットの両親は南仏に住んでいるので，彼女の両親に電話をかけました．いつか貴兄と一緒にこの特別な時間を過ごせることを期待しつつ，もう一度，新年おめでとうございます．お便り楽しみにお待ちしています．
　　　　敬具
　　　　　　　　　　　　　　　　　フレデリック・ラクロワ

・・

NOTES

1) **Je vous remercie de vos bons vœux et vous adresse à mon tour les nôtres...**：お年賀の挨拶状に出す返事の書き方はp.108でふれましたが，この手紙の書き出

しもそのひとつです．フレデリック・ラクロワ氏は，浩志さんにお礼を書くと共に，浩志さんの妻幸子，娘みゆきの名前をあげて，家族全員に新年の祝福を送っています．このように，文通相手自身だけではなく，その人の家族や親しい人に言及するのがふつうです．
　à mon tour「今度は私が」，les nôtres =nos bons vœux「私たち（フレデリックと彼の婚約者のブリジット）の良き祝福」，partager avec...「...と分け合う，分かち合う」．

2) **j'aurais du mal à *me reconvertir* en *écailler*!** : se reconvertir「転職する」．écailler「牡蠣売り，牡蠣剥き職人」．牡蠣剥き世界チャンピオンは50分で1000個もの牡蠣の殻をきれいに剥いたそうです！

3) ***...a été* copieusement *arrosé de grands crus millésimés*** : a été arrosé. cf. p.99, 5)．grand cru「特級格付けワイン」．millésimé「ブドウの収穫年度の印された」．

4) **gui**：「ヤドリギ」．古代ケルト人が儀式に用いたので，クリスマスなど特別な時に飾ることがあります．そういえば，«Astérix le Gaulois»という有名なマンガの中でdruide（古代ケルト族の祭司）が，「ポパイのほうれん草」のような煎じ薬を調合するとき，何を入れるのかと聞かれて「ヤドリギとオマール（ロブスター），その他はないしょ」と答えていました．そして，この飲み物の名前はpotion magique（妙薬，切札）．ヤドリギには何か不思議な力があるのかもしれません．
　　　Au gui l'an neuf!　ヤドリギの下で新年を！

1-3　温泉のある町から　香織からミシェルへ

Hakone, le 26 janvier ****

Chère Michèle,

Je te remercie pour ta recette. Je crois que je n'aurai pas la patience d'attendre l'an prochain pour l'essayer. J'ai justement des amis à la maison la semaine prochaine…

Aujourd'hui, je t'écris de Hakone, une petite ville de montagne très touristique, au sud-ouest de Tokyo. Je passe en effet le week-end dans un «onsen», une station thermale, en compagnie d'une amie. Le Japon, comme tu le sais, est un pays très volcanique et possède donc des milliers de sources, dont la plupart sont sulfureuses. On attribue d'ailleurs aux eaux thermales des vertus curatives variées. Nous sommes descendues dans un «ryokan», une auberge japonaise. Notre chambre donne sur un magnifique jardin, traversé par une petite rivière. L'établissement offre plusieurs bains intérieurs, et un en plein air, appelé «rotenburo». Le cadre est magnifique et tout est calme, paisible. Rien de tel que de se prélasser dans un bain chaud, au milieu d'un jardin recouvert de neige. Par contre, comme tu peux l'imaginer, nous en sommes sorties en courant! Certains aiment profiter de ce moment privilégié pour déguster du saké chaud servi sur un petit plateau flottant. Ce soir, nous goûterons les spécialités locales, parmi lesquelles la truite «arc en ciel» grillée. C'est un joli nom, n'est-ce pas? Malheureusement, comme toutes les bonnes choses ont une fin, nous quitterons ce petit paradis demain matin pour rentrer à Tokyo. Je t'ai acheté un petit cadeau, mais je préfère t'en laisser la surprise.

Bien à toi,

Kaori

　　　　ミシェル様
　レシピをありがとうございました．これを試してみるのに，来年まで辛抱強く待っていられそうにありません．ちょうど来週，家にお友達が来るのです…

　今日は箱根から書いています．箱根は，東京の西南，山中にある小さな町ですが観光で有名です．週末をお友達と「温泉」で過ごそうというわけです．日本はご存じのように，火山の多い国ですから，沢山の温泉があって，そのうちのほとんどは硫黄泉です．温泉にはそれに，様々な効能があると言われています．私たちは，和風の「旅館」に泊っていて，部屋は，小川の流れる見事な庭園に面しています．ここには，いくつもの室内の浴場と，戸外の「露天風呂」がひとつあります．環境は素晴らしく，すべてが静かで，のどかです．雪におおわれた庭園の中で，あついお湯に入ることほど，くつろげるものはありません．でも，想像できるでしょう？私たちお湯から出るときは大急ぎでした．水の上に浮かべた小さなお盆にのせて出される，お燗したお酒を飲んでこの特別な瞬間を楽しむ人々もいます．今晩，私たちはここのお料理をいただきますが，焼いた虹鱒があると思います．「虹」ってきれいな名前でしょう？残念なことに，すべての良いことには終わりがあって，明朝には東京に戻るためにこの小さな楽園を去らなければなりません．あなたに，ちょっとしたお土産を買いましたけれど，開けて見てのお楽しみにしたいと思います．
　　　　かしこ
　　　　　　　　　　　　　　　　　　　　　　　　　香織

NOTES

1) ***dont la plupart*** **sont sulfureuses.** : ... dont la plupart「…のうちのほとんどは」．

la plupart の後は複数三人称の動詞をおきます．

2) **des *vertus* curatives variées** : vertu は「美徳，貞節」ではなく「効力，効果，メリット」．

3) **une auberge japonaise** : ryokan「旅館」．auberge「（田舎風の小さな，料理を出す）宿泊施設」．

4) ***Rien de tel que* de se prélasser dans un bain chaud** : rien de tel que ...「...に勝るものはない，...にかぎる」．

5) **du saké chaud** :「お燗した酒」．saké はもうフランス語になっています．

6) **Bien à toi** : ここでは，香織がちょっぴり気取って，Bien à toi と結びました．「かしこ」とでも訳しておきましょうか．

février 2月

　節分の豆をまくと，寒さの中にもなんとなく「春立つ」匂い，これは日本の2月初めですが，フランスの2月はクレープを焼く匂いで始まります，と言っていいのかどうか… しかしとにかく，2月2日は la chandeleur（聖マリアの御潔めの祝日）．この日にはクレープを焼きます．片手にコインを握って，もう片方の手でフライパンの上のクレープをポーンときれいにひっくり返すことに成功すれば，その年は金運がついている，とか．でも，これにはなかなか修業が必要です．

　2月14日はあまりにも有名なバレンタイン・デー（la Saint-Valentin）．フランスでは，女性から男性に義理チョコをプレゼントしたりすることはありませんが，「恋人たちのお祭り」なのです．伝説によると，小鳥たちはこの日に婚約をして，3月19日（la Saint-Joseph）に結婚する，と言われています．天気が良ければ早春の花もそろそろ開き始める頃．そして，復活祭前の精進期間 carême（四旬節）をひかえて，謝肉祭，カーニバルの季節でもあります．

　これは，21歳のスタンダールが友人のエドゥアール・ムーニエに出した手紙の書出しです．フランス革命暦第5月（雨月）という日付がめずらしいですね：

　　　　　　　　　Grenoble, pluviôse 12. [Février, 1804]

　Mille pardons, mon bon ami, si j'ai tant tardé à vous répondre. Depuis un mois, je suis plongé jusqu'au cou dans ce qu'on appelle les plaisirs du carnaval. J'ai dansé ce matin jusqu'à 6 heures; je me lève à 11...

　「グルノーブル，雨月12日　友よ，返事がひどく遅れて申し訳ない．ひと月前から，僕はカーニバルの悦楽と呼ばれていることに首まで浸っている．けさは6時まで踊っていた．11時に起きて…」

　1804年の謝肉祭のクライマックス mardi gras（謝肉の火曜日）は2月14日に当たっていて，グルノーブルではコンサートホールが舞踏会場になっていたそうです．

2-1 入試の季節 浩志からオリユー夫妻へ

Tokyo, le 5 février ****

Chers amis,

C'est avec grand plaisir que j'apprends la réussite de votre fils au concours d'entrée dans la fonction publique. Transmettez-lui mes plus vives félicitations.

Au Japon, février est aussi la période des concours d'entrée à l'université. Mon frère Ken, comme la plupart de ses camarades, s'y prépare depuis des années en fréquentant un «juku» ou un «yobiko», véritables écoles parallèles qui auront occupé ses soirées et ses week-ends pendant près de six ans. Ce genre d'établissement existe-t-il en France? «4 heures de sommeil, réussite, 5 heures, échec». Comme vous pouvez l'imaginer, ce dicton se réfère à la préparation du concours d'entrée dans les grandes universités. Pour réussir, les candidats doivent mémoriser une énorme somme de connaissances. Une fois admis, les étudiants peuvent se relaxer un peu. En effet, même s'ils étudient plus qu'avant, il leur reste tout de même du temps pour s'adonner à leurs loisirs et sortir avec leurs amis. Ils auront reçu un enseignement assez général, puisque c'est l'entreprise qui se chargera de leur véritable formation. Cependant, le système est en train de changer. En effet, les entreprises recherchent désormais un personnel spécialisé et immédiatement opérationnel. Tout cela, c'est la conséquence de la mondialisation!

En souhaitant à votre fils une brillante carrière de fonctionnaire, je vous prie de croire, chers amis, à ma fidèle amitié.

Hiroshi Takeda

拝啓
　　ご子息が国家公務員採用試験に合格されたとのこと，お喜び
を申し上げます．ご子息に私から，ほんとうにおめでとう，と
お伝え下さい．
　　日本でも，2月は大学入試の季節です．私の弟の健も，級友の
ほとんど皆と同じように，「塾」や「予備校」に通って何年も前
から準備をしています．塾とか予備校は，彼にとって正規では
ないのですが本当の学校です．ほとんど6年間もの間，夕方と週
末の時間をそこで過ごしたことになるのですから．このような
教育機関はフランスにあるのでしょうか？「四当五落」（4時間
の睡眠は合格，5時間寝ると不合格），これは，ご推察のとおり，
有名大学入試のための受験準備を指している言葉です．合格す
るためには，受験生は膨大な量の知識を暗記しなければなりま
せん．入学してしまうと，学生たちは少しリラックスすること
ができます．大学生も以前より勉強するようになったとはいえ，
彼らには余暇を使って何かに没頭したり，友人たちと出かけた
りする時間があるからです．企業が彼らの教育を本気で引き受
けるので，大学ではあまり専門的でない教育をすることになり
ます．しかしながら，こうしたシステムは，今変わりつつあり
ます．というのも，これから企業は，専門教育を受けた即戦力
になる人材を求めるからです．これらはすべて，グローバリゼ
ーションの影響なのです！
　　ご子息に，公務員としての，輝かしいキャリアをお祈りいたします．
　　敬具
　　　　　　　　　　　　　　　　　　　　　　　武田浩志

●●●

NOTES

1) **concours d'entrée dans la fonction publique** : concours は「選抜試験，コン

クール」で examen の方は「一定以上の点をとれば合格する試験」です．フランスの国家公務員採用試験は，A, B, C と別れていて，日本の第I種，いわゆる上級職試験に当たるのは，受験に学士号の必要な A になります．

2) **Transmettez-lui mes plus vives félicitations.**：これは「おめでとう」とお伝え下さい，という場面ですが，慰めるときでしたら：
   Dites-lui que nous sommes de tout cœur avec lui〔elle〕．
   心中お察しいたします，とお伝え下さい．
   一般的に「**…によろしくお伝え下さい**」と書くには：
   Mon bon souvenir à…
   Toutes mes amitiés à…
   Mes sentiments les meilleurs à…
   より丁寧にするならこんな言い方もできます：
   Transmettez mon meilleur souvenir à…
   Veuillez adresser mon bon souvenir à…
   気楽に書いてもいいときなら：
   Dites-lui bonjour de ma part.
   Donnez-lui le bonjour de ma part.

3) **écoles *parallèles* qui *auront occupé* ses soirées**：école *parallèle*「学校以外の教育」．parallèle「正規ではない」の意味から，marché *parallèle*「ブラックマーケット」，médecines *parallèles*「民間療法」などと言います．qui auront occupé… と前未来形が使われていますが，受験をするときには「6年間になっている」ということ．

2-2　春休みの計画　香織からミシェルへ

Tokyo, le 7 février ****

Chère Michèle,

Je te remercie pour ta magnifique carte d'Avoriaz. Je t'envie d'avoir passé trois semaines dans ce paysage enchanteur!

En fait, je suis allée moi aussi faire du ski le week-end dernier, mais je n'ai pas eu de chance: le temps ne nous a permis de skier qu'une demi-journée et de plus, je me suis fait une entorse à la cheville! Je boîte encore un peu, mais ce n'est rien. A quelques jours des examens, je suis en pleines révisions. Et devine quel examen je redoute le plus: celui de français!

Justement, à ce propos, j'ai une grande nouvelle à t'annoncer. J'ai décidé de passer les vacances de printemps à Paris. Ainsi nous pourrons enfin nous revoir! J'ai l'intention de suivre des cours de français. Pourrais-tu me conseiller sur le choix d'une école? Si ta proposition de m'héberger tient toujours, je serais heureuse de l'accepter. Cependant, je ne veux en aucun cas être une charge pour toi, ainsi, si les circonstances ont changé, n'hésite pas à me le dire. Dans ce cas, je te demanderai simplement de m'indiquer le nom d'un organisme qui propose des hébergements en famille.

En te remerciant par avance pour ton aide, et en me réjouissant de te revoir bientôt, je t'offre toutes mes meilleures amitiés.

A très bientôt,

Kaori

ミシェル様
　アヴォリアズからの素敵なカードをありがとう．この，うっとりするような景色の中で3週間も過ごされたなんて，羨ましいわ！
　じつは，私も先週末スキーに行きましたが，ついていなかったのです．天候が悪くて半日しかスキーができなかったうえに，くるぶしを挫いてしまったのです！　ちょっとまだ，びっこをひいていますが，たいしたことはありません．あと数日で試験なので，必死に勉強をしているところです．どの試験が一番恐いか，当ててみて下さい．フランス語のテストです！
　ところで，ちょうどあなたにお知らせしたい大ニュースがあります．春休みをパリで過ごそうと決めたのです．ですから，私たちついにまた会うことができるのです！　フランス語の講座に出たいと考えていますが，学校を選ぶのを助言していただけませんか？私をお宅に泊めて下さるとおっしゃっていましたが，いまでも大丈夫でしょうか？泊まらせていただけたら，嬉しいのですが．でも，どんな場合でも，あなたのご迷惑になるようなことはしたくないので，状況が変わっていましたら，ためらわずに，そうおっしゃって下さい．その場合は，ホームステイの情報を提供してくれる組織の名前を教えて下さい．
　いろいろとどうもありがとう．前もって感謝しています．もうすぐお目にかかれるのが楽しみです．
　　　友情をこめて
　　　　　　　　　　　　　　　　　　　　　　　　　　香織

・・・・・・・・・・・・・・・・・・・・・・・・・・・・・・・・・・・・

NOTES

1) **Avoriaz**：アヴォリアーズ．スイス国境に近い，オート・サヴォア県のスキー場．

2) ***En fait*, je suis allée moi aussi faire du ski**：en fait「実際には，じつは」．ここでは，「あなたが素敵なスキー場でスキーをしたのを羨ましがったけれど，じつは，私もスキーに行った」ということ．de fait「事実，実際に」と似て非なる言い方ですね．

3) ***je serais heureuse de l'accepter***：je serais heureuse de…「…できたらうれしいのですが」．

4) **je ne veux en aucun cas *être une charge* pour toi**：être une charge pour…「…にとって負担になる」．
   Ce travail est une lourde charge pour lui.
   この仕事は彼にとって重い負担となっている．

5) **hébergement en famille**：「ホームステイ」．

6) **A (très) bientôt**：「ではもうすぐにね」というニュアンスですが，実際にもうすぐ会えるときに使います．

2-3　パリのガイドは… <small>ミシェルから香織へ</small>

Paris, le 19 février ****

Chère Kaori,

　Quelle heureuse surprise à la lecture de ta dernière lettre! Comme je suis contente que tu puisses venir à Paris!　Bien entendu, tu es notre invitée pendant toute la durée de ton séjour. Nous avons déjà préparé la chambre d'amis. En ce qui concerne tes cours de français, j'ai contacté l'Alliance Française, qui me semble l'école la plus appropriée. Ils organisent un stage intensif sur un mois, avec des cours le matin et toute une gamme d'activités à la carte l'après-midi. Mais je m'arrangerai pour te guider moi-même le plus souvent possible dans Paris. Tu verras, je te ferai découvrir des rues pittoresques, de jolis jardins, de petits restaurants sympathiques et des salons de thé romantiques. Tâche d'arriver en forme, car j'ai prévu un programme chargé. J'ai parlé de toi à mes amis, qui t'attendent eux aussi avec impatience! Une de mes camarades d'université nous invite quelques jours chez ses parents, qui habitent en Normandie. Cela te permettra de découvrir cette belle région et d'en goûter les spécialités. N'oublie pas de prendre quelques vêtements chauds et un imperméable, car le temps est instable au mois de mars.

Communique-moi dès que possible ton numéro de vol, afin que je prenne mes dispositions pour aller te chercher.

Toute la famille se joint à moi pour te souhaiter bon voyage et se réjouit de t'accueillir bientôt!

Affectueusement,

Michèle

　　香織様
　この前のお手紙を読んでびっくり，とても嬉しかったわ！　あなたがパリに来ることができるので，とても喜んでいます！　もちろん滞在なさる間ずっと，あなたは私たちのお客さまよ．もうお友達の部屋を

準備しました。フランス語の講座については，一番適当な学校かと思いましたので，アリアンス・フランセーズに問い合わせました．1か月の集中講座があって，午前中は授業で，午後には 様々な種類の活動を自由に選べます．でも私自身が，都合をつけてできるだけパリであなたのガイドをしたいと思っています．趣きのある通りやきれいな庭園，感じの好い小さなレストラン，ロマンチックな喫茶店をお教えします．体調を整えて，元気で到着するようにしてね．私の立てた計画は盛り沢山ですから．あなたのことをお友達に話したら，彼らもあなたを待ちかねています！　大学の友人のひとりは，ノルマンディーの両親の家に私たちを数日間招待してくれます．あなたはあの美しい地方を見ることができますし，そこのお料理を味わうこともできるわよ．暖かい服とレインコートを忘れないでね．3月は天候が不順ですから．

　お迎えに行けるようにしたいので，フライトナンバーをできるだけ早く教えて下さい．

　私も家族みんなも，あなたに良いご旅行をお祈りしています．そしてもうすぐあなたをお迎えできることを喜んでいます．

　心をこめて

ミシェル

● ●

NOTES

1) **Quelle heureuse** *surprise* : surpriseは「驚き」ですが，ふつうは良いことに使います．「思がけない喜び（贈り物）」．

2) **je suis contente que tu** *puisses* **venir à Paris** : je suis content(e) que の後ですから，言うまでもなく接続法ですね．

3) *toute une gamme d'*activités *à la carte* : gamme「音階，範囲，一揃」から，

toute une gamme de... は「いろいろな種類の...」.
à la carte は「アラカルト」と日本語にもなっているようですが,「自由に選べる」ということ. この反対は au menu「定食で」です.

4) **Toute la famille se joint à moi pour te souhaiter bon voyage...**:「あなたに良いご旅行を祈るために, 家族全員が私に加わる」ということ. se joindre à...「...に加わる」.
この表現は「...からもよろしく」と書きたいときによく使われます.

 Kaori se joint à moi pour vous adresser nos plus sincères amitiés.
 香織からもよろしくとのことです.
 Sachiko se joint à moi pour vous présenter nos pensées les plus amicales.
 幸子もよろしくと申しております.
 Ken se joint à moi pour te souhaiter de bonnes vacances.
 健からも, あなたに良い休暇を, とのことです.

mars 3月

　これは，贈り物にそえられた，ごく短い手紙文ですが，書き手はマルセル・プルースト，美しくも凝っています．ときは1894年3月14日水曜日，桜ではないかと思われる小さな木とともに，ロベール・ド・モンテスキュー邸に届けられました：

Mercredi [14 mars 1894]

　Voici, cher Monsieur, pour nicher l'oiseau bleu,　un arbuste rose que j'aurais voulu plus beau, mais ma fleuriste n'en reçoit plus, c'est le seul qu'elle ait cette année. Votre jardinier japonais y reconnaîtra la flore de son pays et vous, j'espère, l'humble hommage de votre respectueux et reconnaissant

Marcel Proust.

　「これは，青い鳥が巣作りできるように，ピンクの花をつける木です．もう少し立派なものがあると良かったのですが，私の花屋にはもう入荷がなく，今年入った唯一の木です．貴兄の日本人の庭師は，これを見て，故国の植物たちのひとつだとわかることでしょう．そして，貴兄には，私の敬意と感謝の念を御拝察いただければ光栄でございます　マルセル・プルースト」

　un arbuste rose とありますが，arbuste は「灌木」の他にも「10メートル以下の低木」を指しますし，rose はここではバラではなく，形容詞「ピンク色の」という意味です．つまり，「ピンク色の花をつける10メートル以下の木」ですから，日本人庭師への言及と，この時期のプルーストとモンテスキュー伯爵との文通の様子からも桜の木ではないかと推測できます．3月半ばのパリ，もしかしたら，その木はもうピンク色の蕾をつけていたのではないでしょうか．この「日本人の庭師」が，1889年のパリ万博で日本庭園を造った畑和助という人物だったことはわかっているそうです．プルーストから贈られたこの木を見て，異国で働いていたこの人はいったい何を思ったことでしょう．

　さて，日本の3月は，桃の節句，春場所，そして卒業式…

3-1 相撲 浩志からラクロワ氏へ

Osaka, le 8 mars ****

Cher Monsieur,

J'ai bien reçu votre dernière lettre et je vous en remercie. Je vous souhaite une pêche fructueuse en Bretagne.

De passage à Osaka pour quelques jours, j'ai profité de l'occasion pour assister au tournoi de sumo qui s'y déroule chaque année à la même époque. Quel spectacle fascinant! Deux par deux, d'énormes lutteurs, pesant en moyenne 150 kg, s'affrontent sur le «dohyo», une sorte de ring circulaire délimité par une corde de paille. La règle est très simple: faire tomber l'adversaire ou le faire sortir du ring. Malgré leur embonpoint volontaire, les lutteurs sont d'une agilité incroyable. Vêtus d'une simple ceinture de couleur, avec un chignon au sommet de la tête, ils sont pour la plupart très grands de taille. Par contraste, les arbitres, qui sont vêtus de costumes traditionnels anciens, paraissent minuscules. A l'origine, le sumo était un rite shintoïste pour chasser les démons, mais c'est maintenant un des sports nationaux les plus populaires. Tous les japonais connaissent les noms des lutteurs et ont leur favori. La plupart des «sumotori» sont japonais, mais certains sont d'origine étrangère, dont un «yokozuna», le titre suprême.

Lorsque vous reviendrez au Japon, j'essaierai de me procurer des billets, car je suis sûr que vous serez très intéressé par ce sport.

En espérant vous lire prochainement, je vous adresse, cher Monsieur, mes pensées les plus amicales.

Hiroshi

拝啓
　お便りどうもありがとうございました．ブルターニュでの釣果の多いことを願っております．
　ここ数日，大阪に滞在しておりますが，毎年この時期にここで行なわれる相撲を見る機会を得ました．迫力のある出しものです！巨大な，平均体重が150キロはある力士が，二人ずつ「土俵」，つまり縄で仕切られた一種の丸いリングの上で戦います．ルールはとても単純で，相手を倒すか，土俵の外に押し出すか，どちらかです．力士たちは意図的に体重を増やしますが信じられないくらい敏捷です．彼らは色のついたまわしだけを身につけて，頭には髷を結っているのです．そしてほとんどの力士は非常に背も高いのです．対照的に，古い伝統的な衣装を身につけた行司はとても小さく見えます．もともと，相撲は魔よけのための神道の儀式でしたが，今では最も人気のあるスポーツのひとつになっています．日本人はみな，力士の名前を知っていますし，ひいきの力士もあります．ほとんどの相撲取りは日本人ですが，いく人か外国出身の力士がいて，そのなかには最高位の「横綱」もいます．
　また日本にいらっしゃるときには，入場券を何とか入手したいと思っております．このスポーツにはきっと非常に関心がおありだと思いますので．
　お便りお待ちしております．
　　　敬具
　　　　　　　　　　　　　　　　　　　　　　　　　　浩志

● ●

NOTES

1) **sumo**：相撲は，パリ公演もありましたし，オーストラリア，カナダなど世界中で巡業が行なわれていますが，ロンドン公演のとき，インタビューをうけたイギリス人が，「相撲にはdignity（威厳）がある」と答えていたのが印象に残っています．「相撲」をどうしても一言でフランス語にするとしたら lutte japonaise traditionnelle と訳すことができます．「相撲を見る」は assister à un tournoi de sumo. tournoi「選手権，試合」をそえた方が良いでしょう．

2) **lutteurs**：「力士」un lutteur (de sumo)，「土俵」une sorte de ring circulaire,「まわし」une ceinture (de couleur)，「髷（まげ）」un chignon,「横綱」le titre suprême,「行司」un arbitre.

3) **En espérant vous lire prochainement…**：ジェロンディフを使った表現が，手紙を結ぶときに非常に多く使われているのに気付かれたことと思いますが，En espérant, En souhaitant, En te〔vous〕remerciant, En attendant, …など，手紙文のしめくくりにはよく出てきます．

　　En attendant de vos nouvelles, je vous souhaite beau temps et bon temps.
　「お便りを待ちつつ，みんなに良い天気と楽しい時間を願っています」
これは，ランボーが1889年5月に家族宛てに書いた手紙の結びです．beau temps「良い天気」と bon temps「楽しい時間」と，temps のふたつの意味にかけて，詩人が言葉遊びをしていますね．

3-2 妹の卒業式　幸子からミシェルへ

Tokyo, le 18 mars ****

Chère Michèle,

Comment vous exprimer notre gratitude, à vous et votre famille, pour avoir accepté de recevoir Kaori! Elle nous écrit son enthousiasme à la découverte de Paris et surtout vos nombreuses attentions à son égard. Nous vous en sommes extrêmement reconnaissants et espérons un jour vous accueillir à notre tour.

Ma jeune sœur a terminé ses études primaires et je viens de rentrer de la remise des diplômes. La cérémonie était très solennelle. En uniforme, Yoko est montée sur la scène. A l'appel de son nom, elle s'est dirigée sans hésiter vers le directeur, s'est penchée respectueusement devant lui et a reçu son diplôme, accompagné de la formule rituelle de félicitations. Et puis elle a salué à nouveau, avant de redescendre de la scène, sérieuse comme un pape. Tout s'est fait dans l'ordre et la discipline la plus stricte. Pas un pas, ni un geste de trop, ni même un sourire en direction des parents ou des camarades. A la fin, toute l'assistance a entonné le chant d'adieu traditionnel. Une cérémonie émouvante, filmée pour la postérité par autant de caméras que de pères présents. Les vacances seront de courte durée, puisque la rentrée scolaire a lieu dans deux semaines.

En vous renouvelant mes remerciements, je vous souhaite d'excellentes vacances de printemps.

Avec toute mon affectueuse sympathie,

Sachiko

　　　　ミシェル様
　　香織を歓迎して下さり，貴女と貴女のご家族には，私たちの感謝の気持ちをどうお伝えしてよいのかわかりません．香織は，パリを見た感激と，そしてとくに皆様にたいへんお世話になっている，と書いてきております．厚く御礼申し上げますとともに，いつか今度は貴女をお迎えしたいと願っております．
　　妹が小学校を卒業いたしましので，さきほど卒業式から戻ってきたところです．式はとても盛大に行なわれました．制服姿の洋子は，演壇の上に昇り，名前を呼ばれると，まっすぐに校長先生の方に進んで，丁寧に一礼をし，きまった祝辞を受けながら卒業証書を受け取りました．それから，にこりともせずに，演壇からおりる前にもう一度おじぎをします．すべてきちんと，もっとも厳しい規律にそって行なわれ，一歩も，ただひとつの動作も余計なものはなく，両親や友人の方に笑いかけることもありません．式の終わりには，出席者一同が伝統的な別れの歌を歌い始めました．感動的な卒業式は，出席している父親がみんな携えているビデオカメラで「子孫のために」撮影されます．新学年が２週間後には始まるので，お休みは短いのです．
　　もう一度，御礼申し上げます．そして，どうぞ素晴らしい春の休暇をお過ごし下さい．
　　心をこめて
　　　　　　　　　　　　　　　　　　　　　　　　　　　　幸子

・・・・・・・・・・・・・・・・・・・・・・・・・・・・・・・・・・・・・・・

NOTES

1) **Comment vous exprimer notre gratitude…** : que, où, comment などの後に動詞の不定法をおいて，疑問文を作ることがあります．文を短くして，大げさにしない効果があります．

　　Que faire?　どうしたらいいだろう．

Où aller? どこに行ったらいいだろう.

Comment vous dire notre reconnaissance!
なんとあなたに感謝したらいいのでしょう.

2) **vos nombreuses *attentions à son égard*** :「あなた方の数多くの親切」. attentions は複数で「思いやり，配慮，親切」.
à son égard = à l'égard de Kaori.「香織に対して，関して」.

3) **sérieux(se) comme un pape** :「(ローマ教皇のようにまじめな) →くそまじめな」. heureux(se) comme un pape「とても幸せな」. Il se prend pour le pape.「彼はうぬぼれが強い」という言い方もあります. ローマ教皇は，フランス語では「まじめで，幸福で，うぬぼれや」のようです.

4) **Avec toute mon affectueuse sympathie** : もっと簡潔に Avec toute ma gratitude「感謝をこめて」で終わらせることもできます. この場合は，En vous renouvelant mes remerciements を省きましょう.

3-3　気分はパリジェンヌ　香織からミシェルへ

Tokyo, le 31 mars ****

Ma chère Michèle,

　Comment te remercier pour ces merveilleuses vacances! Si je n'avais pas décoré ma chambre avec les nombreuses photos que nous avons prises, je croirais que j'ai rêvé! Dans la tête, je suis d'ailleurs encore en France… Je suis toujours dans ce petit restaurant qui donnait sur un jardin, à Montmartre. Ou encore dans ce salon de thé élégant, rue de Rivoli, rempli de dames BCBG. Non, je suis au Musée Marmottan, en extase devant ces magnifiques peintures impressionnistes, ou encore en train de me promener avec toi sur les Champs-Elysées. Maintenant, grâce à toi, je me sens un peu parisienne. Et devine ce que je porte, en ce moment: le tailleur bleu que nous avons acheté ensemble rue Saint-Dominique. Tout le monde m'en fait des compliments! J'ai raconté entre autres à mes parents notre voyage en Normandie: nos dégustations d'huîtres au bord des plages du Débarquement et ce fameux «calva» de derrière les fagots que m'ont fait goûter tes amis. Maintenant, je suis plus à l'aise en français et je me suis même lancée dans la lecture de «A la recherche du temps perdu»!

Encore une fois, je te remercie de ce merveilleux séjour et de votre accueil à tous.

J'attends avec impatience l'occasion de vous recevoir à mon tour à Tokyo. Je t'embrasse bien fort.

              Kaori

ミシェル様

　こんな素晴らしいお休みを過ごせて，あなたに何と感謝していいのかわかりません．もしこの部屋に，私たちの撮った写真が沢山飾ってなかったら，夢を見ていたのだと思いそう！それに私，まだ頭の中はフランスなのです…モンマルトルのあの庭園に面した小さなレストランに．あるいは，上品なご婦人たちでいっぱいの，あのリヴォリ通りの優雅なサロン・ド・テに．いえ，マルモッタン美術館で，

あの素敵な印象派の画を前にうっとりしているんです．あるいはあなたと，シャンゼリゼを散歩しているところなの．もう，あなたのおかげで，ちょっぴりパリジェンヌ気分になっています．今，私が何を着ているか当ててみて．サン・ドミニック通りで一緒に買ったブルーのスーツよ．みんながほめてくれます．両親には，とくにノルマンディー旅行のことを話しました．連合軍上陸作戦の行なわれた海岸で牡蠣を試食したこと，あなたのお友達に勧められた，とっておきの「カルヴァ」のこと．フランス語が前よりは楽になったので，思いきって「失われた時を求めて」を読み始めたくらいです．

　　もう一度，どうもありがとうございました．素晴らしい滞在ができたこと，そして皆様に歓迎していただけたことを感謝しています．
　　今度はあなた方を東京にお迎えできる機会を首を長くして待っています．心をこめて

　　　　　　　　　　　　　　　　　　　　　　　　　　　　香織

NOTES

1) **Ma chère Michèle**：香織がミシェルに書いてきた手紙の中で，初めて呼びかけの部分に所有形容詞 Ma がつきました．これは，けっして気まぐれに付けたわけではありません．香織のパリ滞在で，ミシェルと香織がワンランク親しくなった証拠なのです．一度，所有形容詞を付けて Ma chère〔Mon cher〕...とすると，ふつうはその次から，ずっとその呼びかけを使います．しかし，これはあくまでも，文通の相手との心理的距離の問題ですから，同じ相手でも，ときに所有形容詞がついたり，つかなかったり，ということもあります．古い友人ですが，独身時代はいつも Ma chère...と始まる手紙が来ていたのに，彼女が結婚してしばらくの間は所有形容詞がなくなって，また最近復活した，こんな例もあるのです．

2) *Si je n'avais pas décoré*：Si＋直説法大過去形．主節は条件法現在ですから，「写真が貼ってなかったら，（今）そう思うでしょうに...」．

3) **BCBG (Bon Chic Bon Genre)**：「上品な，趣味のいい，上流の」はけっこう頻繁に使われますが，同じようなニュアンスでこんな言い方もあります．C.P.C.H.（Collier de Perles et Carré Hermès「真珠のネックレスとエルメスのスカーフ」）わかりやすいですね．しかしどちらも，多少のからかい気分を含んでいて，本当のほめことばではありません．本気でほめるなら，Elle est chic.

4) **le Débarquement**：= le débarquement allié en Normandie「連合軍のノルマンディー上陸作戦」の行われた海岸には，見渡すかぎり，そこで倒れた外国人兵士のための白い十字架でうめつくされています．

5) **ce fameux «calva» de derrière les fagots**：calva= calvados「カルヴァドス，りんご酒のブランデー」．de derrière les fagots「柴の束のうしろから取り出した」→「とっておきの，上等な」．

6) **Je t'embrasse bien fort**：そのまま訳すと，「私はあなたをつよく抱き締めます」ということ．呼びかけの部分に所有形容詞が付いたこととともに，注目して下さい．そうとう親しくならないと使えない言い方です．

　呼びかけもいろいろありますが，**結びの言葉**は，同じ文通相手に宛てたときでさえ，じつはほとんど無数のヴァリエーションがあります．書簡集で有名なセヴィニェ夫人の手紙は，1400通近く残されていて，そのうちの多くが南仏に嫁した娘に宛てたものですが，まったく同じ言葉で終わっているものはほとんどありません．その時々によって，状況もちがい，微妙に心理的な距離にも変化がありますし，いつもとはちがう表現で手紙を結びたいこともあります．ここでは，親しい友達どうしの文通，香織とミシェルの手紙の中で，結びの部分にどのような表現が使われていたかを，まとめてみました．日本語の手紙の文面では，これらのヴァリエーションを表現することができませんでしたので．

A. 多少，距離をおいている場合

　Ken et moi t'adressons nos sincères amitiés.（主語に健が入っていて，sincèresという形容詞が礼儀正しい雰囲気です）

　Bien à toi,（「かしこ」と訳してみましたが，Bien à vous, となりますと，さらに距離が遠くなります）

B. 香織，ミシェルの間柄としては標準的な表現

　Avec toute mon affectueuse sympathie,

　（幸子がミシェルに宛てて書いたケースです）

　Amicalement,

　Amitiés,

　Toutes mes meilleures amitiés,

　Je t'adresse (toutes) mes meilleures amitiés.

　Je t'adresse mes amitiés les meilleures.

　Je t'envoie toutes mes amitiés.

　Amicalement à toi,

　Ton amie Kaori

C. 少し親しい雰囲気を持っている場合

　Affectueusement,

　Affectueuses pensées,

　Je t'embrasse bien fort.（これはかなり親しくなります）

　この他にも A bientôt, A très bientôt, が使われていますが，これらは，もうすぐ会えるときに使います。なお，ABCの区別は決して絶対的なものではなく，中間に置きたい表現もあります。

日本紹介ミニリスト

あぶらあげ　油揚げ　*tofu* (pâte de soja) coupé en tranches fines et frit à l'huile. 豆腐

あやとり　綾取り　jeu de figures que l'on forme entre ses doigts avec une ficelle.

あん　pâte de haricots rouges sucrée dont sont fourrées de nombreuses pâtisseries japonaises.

あんどん　行燈　lampe typiquement japonaise. La lumière est tamisée par la cage en papier japonais dans laquelle elle se trouve.

いけばな　生け花　art floral japonais fondé dans la seconde moitié du XVIᵉ siècle par *Sen-no-Rikyu*. Les écoles les plus célèbres sont *Ikenobo* et *Ohara* pour le style classique et *Sogetsu* pour le style moderne. En fonction du type de vase utilisé, l'*ikebana* se divise en deux styles principaux, *nage-irebana* et *moribana*.　千利休　池坊　小原流　草月流　投入・盛花

いなり　稲荷　divinité de la moisson, dont l'animal familier est le renard. L'entrée des sanctuaires dédiés à *Inari* est toujours gardée par deux renards en pierre. Les fidèles leur mettent de petits bavoirs rouges en signe de gratitude pour les prières exaucées. Les *inari-zushi* sont des boulettes de riz vinaigré enveloppées dans un petit sac de *abura-age*, de couleur rousse comme les renards.　いなり寿司　油揚げ

いろは　abc japonais. Poème mnémotechnique composé des 47 sons du syllabaire japonais.

うかい　鵜飼い　pêche de *ayu* aux cormorans. Les pêcheurs tiennent les oiseaux en laisse par le cou pour les empêcher d'avaler leur proie.　あゆ

うきよえ　浮世絵　estampes de l'époque d'*Edo* (1603-1867). Elles représentaient souvent des acteurs en vogue, des　江戸時代

beautés féminines et des courtisanes célèbres. Les principaux artistes de *ukiyo-e* sont *Utamaro*, *Hiroshige*, *Hokusai* et *Sharaku*. 歌磨・広重
北斎・写楽

うちわ　団扇　éventail rigide japonais.

うどん　nouilles de farine de blé, assez épaisses et blanchâtres. Plusieurs plats typiques sont à base de *udon*, en particulier le *kitsune-udon* (udon-renard), nouilles garnies de *abura-age* (*tofu* frit). Tous ces plats sont assaisonnés de rondelles de poireau et d'épices. きつねうどん
油揚げ

うめぼし　梅干し　petites prunes séchées, marinées dans du sel, souvent colorées en rouge avec des feuilles de *shiso* rouge (sorte de basilic). Un *bento* de riz blanc garni d'une *umeboshi* en son centre est comparé au drapeau japonais. 赤じそ
日の丸弁当

えだまめ　枝豆　sojas verts en branches, cuits à l'eau salée. Servis en accompagnement de la bière, c'est un des petits plats d'apéritif les plus populaires en été.

えま　絵馬　tablette votive de bois portant souvent l'image d'un cheval, le coursier des dieux. Après y avoir inscrit son vœu, on l'accroche sur un panneau du sanctuaire prévu à cet effet.

えんがわ　縁側　dans une maison traditionnelle japonaise, plancher en véranda monté sur pilotis, qui donne accès au jardin. Emplacement traditionnel pour bavarder le soir, ou pour se détendre l'été au son des *furin*, clochettes au son argentin tintant à la moindre brise. 風鈴

おしいれ　押入　vaste placard fermé par une cloison coulissante, divisé horizontalement par une planche de bois, et conçu pour ranger les *futon*, la literie traditionnelle japonaise. La demi-hauteur ne permet pas d'y suspendre les vêtements longs, que les japonais ont plutôt l'habitude de plier. ふとん

おしぼり　お絞り　petite serviette mouillée et roulée, chaude ou froide, que l'on présente aux clients ou aux invités pour leur permettre de se nettoyer les mains avant le repas.

おせちりょうり　お節料理　mets spéciaux de Nouvel An, présentés dans une boîte laquée appelée *jubako*. 重箱

おつまみ　petits mets divers accompagnant le *saké*.

おでん　sorte de pot-au-feu composé de pâte de poissons, tofu frit aux légumes et aux algues (*ganmodoki*), radis japonais (*daikon*), œufs durs, *konnyaku*, algues et autres, mijotés pendant plusieurs heures dans un bouillon spécial. Plat typique de l'hiver. がんもどき 大根 こんにゃく

おにぎり　boulettes de riz préparées à la main, de forme ronde, triangulaire ou cylindrique, pouvant contenir des condiments (*umeboshi*, saumon, flocons de bonite...). Elles sont le plus souvent recouvertes de *nori* (feuille d'algues séchées). Aliment traditionnel des pique-niques et des *bento*. 梅干 のり 弁当

おび　帯　large ceinture de *kimono*, en général en tissu rigide de couleur, ornée d'un nœud que l'on peut nouer de différentes manières. 着物

おみくじ　お神籤　méthode de divination. La prédiction est écrite sur une bande de papier, choisie en tirant une baguette de bambou d'une boîte. Si le sort est défavorable, ce papier est attaché à une branche d'un arbre du temple, dans l'espoir que la prédiction ne se réalise pas.

おやま　女形　acteur de *kabuki* spécialisé dans les rôles féminins. 歌舞伎

おりがみ　折り紙　papier carré de couleur à plier. Art japonais du pliage de papier. Un des pliages traditionnels est celui en forme de grue (*tsuru*), un oiseau symbole de bonheur. 鶴

かいせき　懐石　Mets délicats servis à l'occasion d'une réception ou lors de la cérémonie du thé. Les ingrédients utilisés varient en fonction des saisons.

ががく　雅楽　musique traditionnelle de la cour impériale, qui connut son apogée entre le VIIIe et le XIIe siècle. Elle accompagne souvent la danse appelée *bugaku*, que les danseurs exécutent avec des masques de bois. Elle est associée aux rites shintoïstes. 　　舞楽

　　神道

かがみもち　鏡餅　décoration de Nouvel An, placée dans le *tokonoma*. Elle est constituée de deux gâteaux de *mochi* ronds et durs superposés, le plus petit sur le dessus, surmontés d'une orange amère, le tout posé sur un petit socle de bois. 　　床の間

かきぞめ　書き初め　calligraphie de Nouvel An.

かけもの　掛け物　peinture ou calligraphie exécutée sur un rouleau de soie ou de papier et que l'on suspend en général au mur de l'alcôve du salon (*tokonoma*). 　　床の間

かずのこ　数の子　œufs de hareng.

かっぱ　河童　génie des eaux, habitant les rivières. Il est représenté sous la forme d'un enfant, avec une carapace de tortue, des pattes palmées, une coupe au bol, et surtout une assiette remplie d'eau sur la tête, source de pouvoir lorsqu'elle est pleine. Créature malicieuse souvent présente dans les contes japonais.

かどまつ　門松　décoration faite de branches de pin, bambou et de paille que l'on dispose de chaque côté de la porte d'entrée à l'occasion du Nouvel An. Le pin est un symbole de longévité.

かな　仮名　syllabaires japonais de 47 sons, abrégés des caractères chinois. Le syllabaire *hiragana*, de forme cursive, 　　ひらがな

sert à écrire les suffixes grammaticaux et le syllabaire *katakana*, de forme anguleuse à transcrire les mots étrangers. かたかな

かぶき 歌舞伎 art théâtral traditionnel japonais, qui serait né à *Kyoto*, au XVIIe siècle. Tous les rôles sont tenus par des hommes. Il comprend des danses et des récitatifs et se caractérise par son jeu de scène stylisé, des costumes somptueux et des effets spectaculaires. Sur la scène apparaissent parfois des *kuroko*, assistants vêtus de noir, que les spectateurs, par convention, considèrent comme invisibles. 京都

黒子

かまぼこ 蒲鉾 pâte de poisson pilé et semi-étuvé, en forme de barre semi-circulaire.

からて 空手 art martial originaire de Chine et développé comme méthode d'attaque et de défense, par les habitants de l'île d'*Okinawa*. Il fut introduit au Japon en 1922, par le célèbre Maître *Gichin Funakoshi*. Le *karaté* (école de la main vide) est basé sur une utilisation rationnelle des armes naturelles du corps (poings, coudes, tranchant de la main...). 沖縄
船越義珍

かんじ 漢字 caractères chinois, idéogrammes. Le japonais possède environ 50.000 *kanji*. Cependant, ne sont utilisés couramment que les 1.945 qui figurent au programme de la scolarité obligatoire. Chaque caractère possède deux séries de lectures: la lecture *kun*, d'origine japonaise et la lecture *on*, d'origine chinoise. Les *kanji* peuvent être utilisés séparément ou en combinaison. 訓読み
音読み

きみがよ 君が代 (Le Règne de notre Empereur) chant considéré comme hymne national, mais cependant jamais officiellement adopté en tant que tel. Il est basé sur un poème *waka* du Xe siècle, d'auteur inconnu. La musique date 和歌

de 1880.

きもの　着物　Le *kimono* est encore porté de nos jours soit à l'occasion d'une cérémonie ou du Nouvel An, soit par les gens exerçant une activité professionnelle typiquement japonaise: lutteurs de *sumo*, prêtres bouddhistes, conteurs de *rakugo* et serveuses de restaurants et auberges traditionnels. Les *kimono* féminins à manches très larges (*furisode*) sont réservés aux jeunes filles. 相撲 落語 振りそで

きゅう　灸　forme de médecine orientale qui consiste à brûler au contact de la peau, dans des régions bien déterminées, des *moxa*, bâtonnets d'armoise. Les effets sont comparables à ceux de l'acupuncture. もぐさ

きんとん　purée sucrée de marrons ou de patates douces, une des composantes de la cuisine *osechi*. おせち料理

げいしゃ　芸者　Dans certains restaurants traditionnels, hôtesses de luxe chargées de tenir compagnie aux clients et de les distraire. Leur service comprend la danse, le chant, les jeux et la conversation, des domaines dans lesquels elles ont reçu une formation spéciale. Si leurs tarifs sont encore exprimés en bâtons (aujourd'hui une heure), c'est parce qu'autrefois, elles étaient payées proportionnellement au nombre de bâtons d'encens brûlés pendant le service. Le monde des *geisha* porte le joli nom de «monde de la fleur et du saule» (*karyukai*). 花柳界

げた　下駄　socques japonaises souvent en bois de paulownia.

けんどう　剣道　escrime traditionnelle au sabre. C'est le plus ancien des arts martiaux japonais. Discipline du corps et de l'esprit, il est pratiqué aujourd'hui avec un sabre de bambou et une tenue de protection. Le vainqueur est celui qui parvient à frapper le masque, le bras ou le corps de l'adversaire en combinant sa force physique et spirituelle, sa posture et la position de son sabre.

ご(いご) 碁(囲碁)　sorte de jeu de dames japonais qui se joue à deux sur un damier avec des pierres rondes noires et blanches.

こいのぼり　鯉幟　carpes en toile qu'on arbore le 5 mai, à la fête des garçons. Elles symbolisent le courage et l'esprit combatif nécessaires pour surmonter les épreuves de la vie.

こう　香　encens ou art japonais de l'encens.

こうばん　交番　postes de police de quartier. Les agents de police sont bien intégrés dans la communauté locale. Ils connaissent souvent personnellement les résidents, qu'ils rencontrent et avec lesquels ils bavardent lors de leurs visites à domicile ou au cours leurs rondes à bicyclette. On attribue en partie au système des *koban* la faiblesse du taux de criminalité au Japon.

こけし　poupées typiques de forme cylindrique et en bois, que l'on trouve dans de nombreuses régions du Japon.

ごじゅうのとう　五重塔　pagode à cinq étages. Équivalent du stupa indien, pavillon dans lequel sont conservées les reliques du Bouddha. Arrivée au Japon au VIe siècle via la Chine et la Corée, cette forme architecturale est typique d'un temple japonais. La plus ancienne pagode du Japon, aujourd'hui celle du temple de *Horyuji*, à *Nara*, date de la fin du VIe siècle.　法隆寺　奈良

こたつ　炬燵　petit foyer enclavé dans le plancher, aujourd'hui, table munie d'un système de chauffage, entièrement recouverts d'un tissu molletonné qui permet de conserver la chaleur. Le *kotatsu* sert de bureau ou de table pour les repas. Un des plaisirs familiaux des japonais consiste à se glisser en hiver sous la couverture du *kotatsu*, pour bavarder ou regarder la télévision tout en dégustant des mandarines.

こと 琴 Instrument de musique traditionnel japonais. Il s'agit d'une sorte de harpe horizontale en bois de paulownia, d'une longueur de 2 mètres. Apparu au VIe siècle, ce n'est qu'au XVe siècle que le *koto* se développa en tant qu'instrument solo. Chacune des 13 cordes de soie est tendue sur un chevalet mobile. Tandis que la main droite pince les cordes entre le pouce et l'index recouverts de petits onglets, la main gauche presse les cordes derrière le chevalet pour moduler les sons.

ごはん ご飯 riz cuit, repas.

こんにゃく pâte mucilagineuse, sans calorie, composée à partir de tubercules comestibles, composante du *oden*. おでん

さけ 酒 alcool de riz à 15 ou 16 degrés, au goût sucré et parfumé. Boisson transparente légèrement visqueuse, le *saké* est consommé chaud ou froid, en général dans de petites coupes.

さしみ 刺身 poissons ou fruits de mer crus coupés en tranches que l'on trempe dans un mélange de sauce de soja et de moutarde verte au raifort (*wasabi*). Il est servi sur un lit de radis japonais râpé *tsuma* et de feuilles de *shiso* vert (sorte de basilic).
わさび
(さしみの)つま
青じそ

さむらい 侍 cf. *bushi*.

じぞう 地蔵 bodhisattva, parmi les plus populaires du bouddhisme japonais. Objet de vénération populaire depuis l'époque de *Nara* (710-784), il est habituellement représenté 奈良時代

sous les traits d'un moine tenant un joyau d'une main et un sceptre de l'autre. Les statues de *jizo* sont dédiées à la protection des enfants, des femmes enceintes et des voyageurs. C'est la raison pour laquelle on en voit souvent le long des routes.

しちごさん 七五三 fête du 7-5-3 (fête des garçons de 3 et 5 ans et des fillettes de 3 et 7 ans). Parés de leur plus beaux atours traditionnels, et accompagnés de leur famille, les enfants se rendent au temple pour remercier les dieux de leur protection et les prier pour leur santé et leur bonheur futurs.

しちふくじん 七福神 les 7 divinités du Bonheur, six dieux et une déesse. Le plus connu des sept est *Ebisu*, le dieu des pêcheurs. D'après la légende, les dieux arrivent au port, le dernier jour de l'année, à bord d'un *takara-bune* (bateau chargé de trésors), pour apporter à chacun prospérité et longévité. Placer une image des 7 divinités sous son oreiller le 1er ou 2 janvier garantit, dit-on, un premier rêve heureux, présage de bonheur pour toute l'année. 恵比寿 宝船

しゃか 釈迦 Bouddha. Nom donné à l'ascète indien Gautama, qui vécut au Ve siècle avant JC, prêchant la doctrine de salut qu'il avait découverte en s'éveillant à la Vérité.

しゃくはち 尺八 flûte à bec en bambou de 54,5 cm de longueur, sans anche. Importé de Chine, le *shakuhachi* est apparu au Japon à la fin du VIIe siècle.

しゃみせん 三味線 instrument de musique traditionnel japonais. Il aurait été importé au milieu du XVIe siècle de l'archipel des *Ryukyu* (*Okinawa*). C'est une sorte de banjo à 琉球

trois cordes, qui mesure entre 1,1 et 1,4 mètres et qui se joue avec un plectre. La caisse de résonnance est tendue de peau de chat. Le *shamisen* accompagne généralement les pièces de *kabuki* et de *bunraku*. Le *shamisen* de *Tsugaru* est un instrument beaucoup plus dynamique et puissant que l'instrument ordinaire. 歌舞伎・文楽 津軽三味線

じゃんけん   sorte de pile ou face japonais, très utilisé au Japon. Les joueurs présentent en même temps la main dans l'une des trois positions suivantes: ciseaux (index et majeur en forme de V), papier (main écartée) ou pierre (poing fermé). Les ciseaux sont plus forts que le papier, mais moins forts que la pierre. Le papier est plus fort que la pierre mais moins fort que les ciseaux. La pierre est plus forte que les ciseaux, mais moins forte que le papier.

じゅうごや（のつきみ）   十五夜（の月見）   contemplation de la pleine lune la 15e nuit du 8e mois lunaire (mi-septembre). La coutume consiste à choisir un endroit pour admirer la lune, et à le décorer avec des *tsukimi-dango* (boulettes de riz), des *susuki* (herbes japonaises de pampa), des *nanakusa* (sept fleurs d'automne) et des fruits de saison. 月見団子 すすき 秋の七草

しゅうじ   習字   calligraphie, exercices d'écriture.

じゅうどう   柔道   art martial japonais fondé en 1882 lorsque *Jigoro Kano* ouvrit le *Kodokan Dojo*. Ce sport est aujourd'hui connu et pratiqué dans le monde entier. 嘉納治五郎 講道館道場

じゅうにし   十二支   les 12 animaux et signes du zodiaque oriental : rat, bœuf, tigre, lapin, dragon, serpent, cheval, mouton, singe, coq, chien, sanglier.

じゅうばこ   重箱   boîtes de laque superposées contenant des mets variés.

しょうぎ　将棋　échecs japonais. Cependant, deux règles importantes différencient radicalement les échecs et le *shogi*, et surtout leur stratégie. La première permet à un joueur d'utiliser pour son compte les pièces prises à son adversaire. Et la deuxième permet à la plupart des pièces de bénéficier d'une plus-value. Le *shogi* n'a pas de reine, mais des pièces *kin* (or) et *gin* (argent). 金・銀

しょうぐん　将軍　dictateurs militaires dont les régimes, appelés *bakufu* (gouvernement sous la tente) dominèrent la politique japonaise entre 1192 et 1867. Il y a eut successivement trois shogounats: *Kamakura*, *Muromachi* et *Edo* (*Tokyo*). 幕府 鎌倉・室町 江戸

しょうじ　障子　porte-fenêtre coulissante en treillis tendue de papier blanc, utilisé depuis l'époque de *Heian* (794-1185) Aujourd'hui encore, les vitres sont équipées de *shoji*. Lorsqu'il est jauni ou troué, le papier se remplace, en général une fois par an. 平安時代

しょうちゅう　焼酎　eau de vie transparente, entre 40 et 90 degrés, fabriquée à base de riz, de blé, de millet, de panic, ou encore de patates douces, pommes de terre ou de maïs. Alcool très populaire au Japon, il est consommé sec, coupé avec de l'eau chaude ou encore avec du soda et du citron. Apparu pour la première fois au XVe siècle dans l'archipel des *Ryukyu* (*Okinawa*), le *shochu* servait aussi autrefois de désinfectant pour les plaies. 琉球

しょうゆ　醬油　sauce de soja, très salée, couramment utilisée dans la cuisine japonaise.

しょどう　書道　art de la calligraphie. La beauté d'une calligraphie se mesure à la forme et la position des caractères, au dégradé de l'encre et à la force des traits de pinceau.

じょや　除夜　dernière nuit de l'année. Les cloches de *joya* marquent le passage d'une année à l'autre en sonnant 108 coups représentant les 108 passions humaines.

しるこ　汁粉　purée sucrée et liquide de petits haricots rouges.

じんじゃ　神社　temple *shinto*. Les temples *shinto* sont symbolisés par leur portique d'entrée de couleur vermillon appelé *torii*, qui marque la limite entre le monde terrestre et le monde divin. L'entrée du temple est toujours gardée par deux chiens de pierre (*komainu*), l'un à la gueule ouverte, l'autre à la gueule fermée. Près du sanctuaire principal, se trouve un petit pavillon avec de l'eau et des louches. Les fidèles sont priés de se laver les mains et de se rincer la bouche avant d'entrer pour prier. Devant le temple est toujours placé un coffre à offrandes (*saisen-bako*). Au-dessus de ce coffre est souvent suspendue une cloche reliée à une corde, que les fidèles secouent pour annoncer leur visite au dieu.　神道　鳥居　狛犬　賽銭箱

しんとう　神道　religion indigène japonaise. Religion principale du Japon, elle est largement célébrée par diverses cérémonies et fêtes. Elle trouve son origine dans les craintes ancestrales que les japonais avaient des démons et pouvoirs surnaturels.

すきやき　鋤焼き　plat composé de fines tranches de viande de bœuf, de légumes et de *tofu* cuits dans un bouillon de sauce de soja, de vin de riz sucré et de sucre.　豆腐

すし　寿司　boulettes de riz vinaigrées, recouvertes d'une tranche de poisson ou de coquillage cru ou encore d'omelette sucrée.

すみえ 墨絵 peinture à l'encre de Chine. Style de peinture chinois adopté au XIVᵉ siècle par les peintres japonais. Ce style connut son apogée au début de l'époque d'*Edo* (1603-1868), avec les peintres de l'école *Kano*. 江戸時代 狩野派

すもう 相撲 lutte traditionnelle japonaise, née il y a 2000 ans. Sport de professionnels, extrêmement populaire au Japon. Le but consiste à faire sortir son adversaire du *dohyo* (ring surélévé délimité par une corde de paille) ou à lui faire toucher le sol, à l'intérieur ou à l'extérieur du ring, avec n'importe quelle partie du corps, sauf la plante des pieds. Les matchs ne durent parfois que quelques secondes. Spectacle unique et fascinant, en raison de la taille et l'embonpoint exceptionnels des lutteurs ainsi que des rites cérémoniels anciens. Par exemple, avant chaque combat, les lutteurs lancent une poignée de sel sur le *dohyo* pour le purifier. Les femmes, considérées comme impures, ne sont pas autorisées à monter sur le *dohyo*. 土俵

せいぼ 歳暮 cadeaux traditionnels de fin d'année. On les offre aux personnes socialement supérieures à soi ou envers lesquelles on s'estime redevable: supérieur hiérarchique, professeur d'art traditionnel, médecin, intermédiaire lors du mariage (*nakodo*). Il s'agit le plus souvent de denrées alimentaires. (cf. *chugen*) 仲人 中元

せきはん 赤飯 riz glutineux (*mochigome*) cuit avec des haricots rouges, qui lui donnent une teinte rose. On le sert en principe dans les occasions heureuses. もち米

せつぶん 節分 fête qui a lieu le 3 ou le 4 février, la veille du printemps, selon le calendrier lunaire. La coutume consiste à jeter des graines de soja (*mame-maki*) à l'intérieur et à 豆まき

l'extérieur de la maison pour chasser la maladie et le malheur, représentés sous les traits d'un démon, en criant: «*oni wa soto, fuku wa uchi*», «les démons dehors, le bonheur dans la maison». 鬼は外, 福は内

ぜん　禅　secte bouddhique japonaise, venue de Chine au XIIIᵉ siècle, où la méditation prend la première place. En recherchant la beauté, le zen a beaucoup contribué au développement des arts japonais. Le *zazen*, pratiqué dans les temples bouddhiques, est une forme d'entraînement sprituel, basé sur le contrôle de la respiration et le maintien de certaines postures déterminées. 座禅

せんべい　煎餅　biscuits de riz salés assez minces faits avec de la farine de riz cuite à la vapeur. Ils sont ensuite découpés en morceaux, cuits et enrobés de sauce de soja.

ぞうに　雑煮　bouillon au *mochi* préparé généralement à base de légumes, poisson ou poulet assaisonné à la sauce de soja ou au *miso* blanc (sucré). Les ingrédients et le goût varient selon les régions. Aliment typique du Premier de l'An. もち　白みそ

ぞうり　草履　sandales en paille, à la semelle recouverte de cuir ou de tissu, surtout portées par les femmes en *kimono*. 着物

そば　蕎麦　nouilles de sarrasin (farine de blé noir), longues et fines, souvent de couleur marron clair. La plus populaire des variétés de *soba* froids est le *mori-soba*. Il est servi sur un petit plateau en bambou posé sur une boite de laque et accompagné de poireaux hâchés et de moutarde verte forte. On mélange les condiments dans la sauce *tsuyu*, puis on y trempe les nouilles. Il n'est pas impoli de les aspirer bruyamment. Le reste de *tsuyu* est ensuite coupé avec l'eau de cuisson des nouilles, pour en faire un bol de soupe. Plat 盛そば　つゆ

bon marché par excellence. Les *toshikoshi-soba* (soba pour passer l'année) sont traditionnellement servies au réveillon. 年越そば

そろばん　算盤　boulier. Instrument de calcul mental encore très utilisé au Japon, surtout par les commerçants. Le boulier est séparé horizontalement en deux par une barre centrale. Au-dessus de la barre, 1 boule de 5, au-dessous, 4 boules de 1. Les opérations se font en rapprochant ou en écartant les boules de cette barre centrale.

だいぶつ　大仏　grand Bouddha, grande statue du Bouddha. Les deux plus célèbres sont celui du temple Todai-ji, à Nara, construit en 752 et qui mesure 15 mètres de hauteur, et celui de *Kamakura*, non loin de *Tokyo*, érigé vers le milieu du XIIIe siècle, et qui fait 11,4 mètres de hauteur. 東大寺・奈良

鎌倉・東京

だいみょう　大名　féodal japonais, grand propriétaire terrien. Membres de l'aristocratie militaire, les *daimyo* dominèrent le Japon jusqu'à la restauration *Meiji* (1868). 明治維新

だし　山車　grand char décoré que l'on promène lors des processions, à l'occasion des fêtes *shintoistes*. 神道

たたみ　畳　tapis de paille de riz recouvert de jonc tressé, qu'on ne foule que déchaussé. Unité de mesure de la superficie des maisons.

たなばた　七夕　fête des étoiles Véga et Altaïr (7 juillet). On enseigne aux enfants que leurs vœux se réaliseront s'ils les écrivent sur des bandes de papier appelées *tanzaku*, et qu'ils les accrochent ensuite à des branches de bambous. 短冊

たび　足袋　chaussons de toile forte de couleur blanche ou noire (pour les hommes), portés avec des *geta* ou des *zori*. 下駄・草履

だるま　達磨　Bodhidharma. Poussah japonais de couleur rouge représentant Bodhidharma (fondateur du bouddhisme *zen* en Chine). Si l'on souhaite qu'un vœu se réalise, on achète un *daruma* dont un seul œil est peint. Dès que le vœu est exaucé, on peint le second œil, en signe de gratitude. 禅

たんか (わか)　短歌 (和歌)　court poème japonais de 5 vers et 31 syllabes (5-7-5-7-7). Le *tanka* est depuis le VIIe siècle la forme dominante de la poésie japonaise classique. Elle compte toujours de nombreux amateurs.

だんご　団子　boulettes faites avec de la pâte de riz, souvent présentées en brochettes, recouvertes d'une sauce spéciale.

ちゃ　茶　thé vert, consommé nature. Unique thé produit au Japon, c'est la boisson de base des japonais. Il en existe de très nombreuses variétés.

ちゃのゆ (さどう)　茶の湯 (茶道)　art de la cérémonie du thé. Introduite de Chine au Japon et perfectionnée par le Maître *Sen-no-Rikyu* au XVIe siècle, sur la base des pricipes zen, la cérémonie du thé est considérée comme une discipline spirituelle. 千利休

ちゅうげん　中元　Une des deux saisons annuelles de cadeaux (mi juillet ou à la fête de *O bon*, la fête des morts). On offre ces cadeaux à ceux envers qui on s'estime redevable. (cf. *seibo*) お盆

歳暮

ちょんまげ　丁髷　coiffure masculine traditionnelle d'autrefois, aujourd'hui réservée aux lutteurs de *sumo*. Il s'agit d'une queue de cheval huilée et rabattue en forme de feuille de ginkgo (éventail) sur le sommet de la tête. Lorqu'un lutteur prend sa retraite, son *chonmage* est coupé au cours d'une cérémonie solennelle. 相撲

つけもの　漬け物　→　ぬかみそ ぬかみそ

つづみ　鼓　tambour japonais en forme de sablier, tendu de peau de daim ou de poney. On le joue avec les mains. Le plus petit modèle est tenu sur l'épaule, le plus grand sur la cuisse gauche.

でまえ　出前　livraisons à domicile de mets commandés. Ce système est extrêmement répandu au Japon. La livraison est effectuée par des coursiers à mobylette. Le livreur repasse chercher la vaisselle non-jetable dans laquelle le plat a éventuellement été livré.

てら　寺　temples bouddhiques établis pour la pratique et la propagation du bouddhisme venu d'Inde. La disposition des différents pavillons du temple varie selon les époques et les sectes. Ils comportent en général le *sanmon*, porte du temple, le *kodo*, où sont lues les écritures saintes, le *kondo* ou *butsuden*, où sont conservées les statues et les images de Bouddha, et la pagode à cinq étages. Les fidèles prient devant le *kondo*, les mains jointes. 　山門　講堂　金堂　仏殿

てるてるぼうず　照る照る坊主　poupées de papier censées attirer le beau temps. Les enfants les suspendent sous l'auvent ou aux fenêtres de la maison.

でんがく　田楽　dés de *tofu*, *konnyaku* et *sato-imo* (taro) bouillis, avec du *miso* et souvent décorés d'une feuille de *sansho* (poivre japonais). 　豆腐　こんにゃく　里芋　みそ　木の芽

てんぐ　天狗　gobelin des montagnes. D'apparence humaine, le visage rubicond affublé d'un long nez, il est pourvu d'ailes lui permettant de voler. Soupçonné d'enlever les enfants et les moines, le *tengu* est aussi censé protéger les humains contre les démons.

てんぷら　天麩羅　beignets de poissons, fruits de mer ou de

légumes. Juste avant de les consommer, on les trempe dans un mélange de sauce de soja, saké sucré et bouillon, auquel on ajoute de la purée de *daikon* (radis japonais). La *tempura* aurait été introduite au Japon par les portugais au XVIᵉ siècle, et le mot dériverait d'ailleurs du portugais tempero, qui signifie cuisine. Ces fritures sont souvent servies sur un lit de riz, de *soba* ou de *udon*. 大根おろし

そば　うどん

とうふ　豆腐　pâte de soja, riche en protéines, pouvant remplacer la viande. Le *tofu* entre dans la composition de nombreux plats japonais et peut être consommé froid ou chaud. Il est parfois parfumé au sésame, au *shiso* (sorte de basilic) ou au *yuzu* (petit citron vert). Introduit de Chine au Japon au VIIᵉ siècle, c'est un aliment peu calorique et excellent pour la santé. しそ
ゆず

とうろう　灯籠　lanterne japonaise. Les *ishi-doro*, en pierre, éclairaient autrefois les jardins des temples et des sanctuaires, tandis que les *tsuri-doro*, en bronze ajouré, étaient suspendues aux auvents des édifices religieux. 石灯籠

釣灯籠

とこのま　床の間　alcôve dans la pièce de réception, légèrement surélevée par rapport aux *tatami*, et destinée à recevoir les objets décoratifs. La place située devant le *tokonoma* est considérée comme la place d'honneur. たたみ
床の間

とりい　鳥居　→　じんじゃ

とんかつ　豚カツ　côtelettes de porc panées et frites. Un des plats bon marché les plus populaires au Japon. Bouilli dans une soupe spéciale et servi sur du riz dans un plat en porcelaine appelé *donburi*, il est appelé *katsu-don*. En japonais, le mot «*katsu*» signifiant aussi «gagner, réussir», le *tonkatsu* est le plat traditionnel des veilles d'examen. どんぶり
かつ丼

なっとう　納豆　soja étuvé et fermenté, préparé pour la première fois au Japon vers la fin de l'époque d' *Edo* (1603-1867). De couleur brune et d'aspect visqueux, il est mélangé à des poireaux hâchés, de la moutarde, et de la sauce de soja. Il se mange avec du riz blanc. 江戸時代

ななくさ　七草　Les 7 premières herbes à pousser au printemps. Depuis l'époque *Muromachi* (1333-1568), le 7 janvier de chaque année, les japonais ont coutume d'en parfumer le *kayu* (gruau de riz). Le mélange est censé garantir une bonne santé tout au long de l'année. 室町時代　かゆ

にぎりめし　握り飯　→　おにぎり

ぬかみそ　糠味噌　pâte salée de son de riz dans laquelle on fait macérer et fermenter les légumes (*tsukemono*). Coupés en petites tranches, ceux-ci accompagnent les plats de riz blanc, ou sont dégustés seuls, pour se rafraîchir le palais, à la fin du repas. 漬けもの

ねつけ　根付け　breloque ou boutons servant autrefois à attacher à la ceinture du *kimono* les tabatières, les boîtes à pilules (*inro*), ou l'étui pour le sceau. Gravés dans le bois, le bambou, l'ivoire ou autres matières, ils font aujourd'hui l'objet de collections. 着物　印籠

のう　能　la plus ancienne forme théâtrale japonaise, alliant musique, danse et littérature. Apparu au XIVe siècle et caractérisé par son extrême sobriété, le *nô* est parfois comparé à une sculpture mouvante. Comme au *kabuki*, tous les rôles sont assurés par des hommes, vêtus de riches costumes. La scène de *nô* est très dépouillée et les accessoires très peu nombreux. Les acteurs principaux portent des masques, dont les plus traditionnels sont ceux de 歌舞伎

noble courtisan, de jeune femme, ou de démon.

のし　熨斗　A l'origine, lamelle d'abalone séchée enveloppée dans un papier rouge et blanc que l'on met sur certains cadeaux, offerts lors d'occasions heureuses. Le cadeau est ensuite entouré d'une ficelle spéciale rouge et blanche appelée *mizuhiki*. Aujourd'hui, les *noshi* sont en papier.　水引き

のり　海苔　feuille d'algue séchée consommée en général avec le riz blanc. Les japonais en sont extrêmement friands.

はいく（はいかい）　俳句（俳諧）　poème court de 3 vers et 17 syllabes (5, 7, 5). Le poète y exprime en termes simples mais choisis les émotions ressenties devant la beauté de la nature ou au cours des expériences de la vie. Cette forme poétique, la plus courte du monde, suscite aujourd'hui encore de très nombreuses vocations. Le poète de *haiku* le plus célèbre est sans conteste *Matsuo Basho* (1644-1694).　松尾芭蕉

はおり（羽織）　sorte de manteau ample et assez court, qui se porte sur le *kimono*.　着物

はかま（袴）longue jupe-culotte de cérémonie qui se porte sur le *kimono*, lors de cérémonies.　着物

はし　箸　baguettes en bois léger laquées, aujourd'hui souvent en plastique, dont on se sert pour saisir la nourriture. Les *waribashi* sont des baguettes jetables en bois, soudées, que l'on sépare au moment de commencer le repas. Elles ne doivent jamais être plantées droites dans un bol de riz, car c'est ainsi qu'on présente les offrandes de nourriture aux esprits des morts sur un autel bouddhique.　割ばし

ぱちんこ　パチンコ　sorte de flipper vertical, disposé en rangées interminables dans les établissements de jeu. Le jeu consiste à amasser le plus de billes possibles, qui s'accumulent dans un réceptacle lorsque celles qui ont été lancées suivent un certain chemin. Ces billes sont ensuite échangées contre des lots dans les salles de *pachinko* et parfois, contre de l'argent dans de petites officines clandestines situées à proximité. Jeu individuel peu onéreux, donc extrêmement populaire, le *pachinko* suscite parfois une forme de dépendance qui conduit certains japonais à passer des journées entières devant une machine, au détriment de leur vie familiale.

はつもうで 初詣 première visite de l'année au temple. Habillés en *kimono*, les japonais se rendent au temple *shinto* prier pour le bonheur et la santé de toute la famille. Le rituel à observer est le suivant. On se saisit de la main droite de la corde reliée à la cloche et on la secoue. On se courbe ensuite à deux reprises, puis on frappe deux fois dans ses mains. Après une courte prière, on se penche une nouvelle fois. 着物・神社

はにわ 埴輪 figurine en terre cuite représentant une maison, un animal, etc, que l'on plaçait autrefois autour des *kofun* (tumulus construits entre le IVe et le VIIIe siècle). 古墳

はり 鍼 acuponcture. Introduite de Chine au VIe siècle, c'est la forme de médecine orientale la plus populaire. Elle consiste à stimuler certains points du corps appelés *tsubo* en introduisant de très fines aiguilles en argent. Il y a plus de 300 *tsubo* sur le corps humain et chacun d'eux correspond à un organe interne spécifique. L'opération est indolore et soulage efficacement de maux divers. つぼ

ひなまつり 雛祭り (3 mars) fête des poupées, en l'honneur des petites filles. A cette occasion, chaque famille expose des poupées (*hina-ningyo*) habillées de kimono traditionnels sur ひな人形

un présentoir en forme d'escalier recouvert de feutre vermillon. L'ensemble de ces poupées figure la Cour Impériale, avec l'Empereur et l'Impératrice placés sur la plus haute marche. Les poupées doivent être rangées dès la fin de la fête car tout retard pourrait entraîner pour l'enfant un mariage tardif.

ひのまる 日の丸 drapeau national japonais, cependant jamais officiellement désigné en tant que tel. Le rond rouge central sur fond blanc symbolise le soleil levant.

ひゃくにんいっしゅ 百人一首 jeu de cartes de 100 poèmes *waka*, écrits par les 100 poètes traditionnels japonais les plus connus. Le jeu se joue à plusieurs, avec deux paquets de 100 cartes. Sur chacune des cartes du premier paquet est écrite la première moitié d'un poème, qui est lue par un arbitre. Le jeu consiste ensuite pour les joueurs à retrouver le plus rapidement possible parmi les cartes du second paquet la moitié manquante. 和歌

びょうぶ 屏風 paravent pliant. La décoration des paravents et des portes coulissantes (*fusuma*) a donné naissance à un art extrêmement raffiné, qui a connu son apogée à l'époque *Azuchi-Momoyama* (1573-1600), dominée par les Maîtres de l'école *Kano*. 襖

安土桃山時代
狩野派

びわ 琵琶 sorte de luth japonais qui comporte 3 à 5 cordes (en général 4), utilisé dès l'époque de *Nara* (710-784) dans les ensembles de musique de Cour. Il se joue avec un plectre. 奈良時代

ふうりん 風鈴 clochette accrochée sous l'auvent et que la brise fait tinter, procurant une sensation de fraîcheur pendant les chaleurs de l'été.

ぶし 武士 *samouraï*. Elite guerrière du Japon pré-moderne, ce 侍

fut la classe sociale au pouvoir depuis la fin du XIIe siècle jusqu'à la *restauration Meiji* (1868). Leur code éthique (*bushido*) est basé sur l'esprit militaire, le maniement du sabre, le dévouement absolu au seigneur, le sens de l'honneur et du devoir et le courage éventuel de se sacrifier à la bataille ou par un suicide rituel. 明治維新 武士道

ふすま　襖　porte coulissante faite en tendant un papier peint épais des deux côtés d'un bâti de bois.

ぶつぞう　仏像　statue bouddhique (cf. *daibutsu*). 大仏

ふとん　布団　literie traditionnelle japonaise. Elle comprend un sous-matras, un matelas, un drap, une couverture en éponge, une couverture ordinaire, un édredon et un oreiller bourré de blé noir, qui permet de garder la tête au frais en été. Le *futon* est étendu sur les *tatami* la nuit et rangé le jour dans les *oshiire*. Un *futon* jamais rangé, qualifié de *mannendoko* (lit de dix mille ans), est symbole de paresse. たたみ 押入れ 万年床

ふろしき　風呂敷　carré de tissu qui sert encore aujourd'hui à envelopper et à transporter les objets.

ぶんらく　文楽　théâtre de marionnettes traditionnel japonais. Ces marionnettes peuvent mesurer plus d'un mètre. Elles sont actionnées de façon synchronisée par trois marionnettistes vêtus et cagoulés de noir. Le premier est responsable de l'expression faciale de la marionnette, de son bras et de sa main droite. Le second actionne le bras et la main gauche ainsi que les accessoires. Le troisième est chargé de remuer les jambes de la marionnette. On dit que 30 années de formation sont nécessaires pour devenir un marionnettiste accompli. Le récit du *bunraku* est accompagné au *shamisen*. 三味線

べんとう 弁当 boîte rectangulaire à couvercle destinée à contenir un repas froid. Le *bento* est traditionnellement préparé chaque matin par la mère de famille, pour son mari ou ses enfants, si ceux-ci ne déjeunent pas à la cantine.

ぼん 盆 fête des morts, célébrée entre le 13 et le 15 août, entre le 13 et 15 juillet dans certaines régions. Cette période de congé commune à tous donne lieu à de grandes migrations de population. C'est en effet l'occasion pour les japonais de retourner dans leur ville natale, retrouver leur famille et rendre hommage à leurs ancêtres, en priant pour le repos de leur âme et en déposant des offrandes de nourriture sur l'autel bouddhique familial. Dans tout le pays, ont lieu des fêtes au cours desquelles est exécutée la fameuse danse de *bon odori*. Une estrade est dressée sur la place du quartier ou du village, décorée de lanternes de papier. En *kimono de coton* (*yukata*), l'assistance danse en cercle autour de cette estrade, sur un accompagnement de musique folklorique d'inspiration rurale rythmée par le son du *taiko*. 　盆踊り　ゆかた　太鼓

ぼんさい 盆栽 les *bonsaï* sont des arbres ou des plantes miniaturisés en pot et taillés selon certaines règles précises excluant par exemple la symétrie.

まきえ 蒔絵 procédé de décoration de la laque, consistant à saupoudrer de la poudre d'or ou d'argent à la surface de la laque encore humide, puis à repasser plusieurs couches de laque, poncer et polir.

まつたけ 松茸 champignon comestible, poussant sous les pins, très recherché au Japon. Goût spécifique de l'automne.

まねきねこ 招き猫 décoration traditionnelle des magasins, servant à attirer les clients et assurer ainsi de bonnes recettes.

Il s'agit d'un chat, blanc et rouge, ou noir et or, invitant d'un signe de patte les clients à entrer.

まんじゅう 饅頭　pâtisserie japonaise. Boule de pâte fabriquée à partir de farine de blé et cuite à la vapeur, fourrée de *an* (pâte de haricots rouges).　あん

みこし 御輿　sanctuaire portatif shinto, en forme de palanquin et reposant sur deux poutres de bois. Apparu pour la première fois au VIIIe siècle, il servait autrefois à transférer une déité d'un sanctuaire à un autre. Aujourd'hui, on promène le *mikoshi* dans les rues à l'occasion des fêtes de quartier. On dit que la déité locale vient y résider le temps de la fête. Le *mikoshi* est porté sur les épaules par une vingtaine de résidents locaux.　神道

みそ 味噌　pâte de soja salée et fermentée, un des condiments indispensables à la cuisine japonaise. La couleur et le goût du *miso* dépendent du ferment obtenu à partir de riz, blé, orge ou fèves, le riz malté jouant le rôle de levure.

みそしる 味噌汁　soupe de *miso* qui accompagne presque tous les repas de riz. Il s'agit en fait d'un mélange de pâte de *miso* et de bouillon à base de *kombu* (variété d'algues), de flocons de bonite séchée (*katsuobushi*), et de petites sardines séchées (*niboshi*), dans lequel on introduit des cubes de légumes ou de *tofu*, des *wakame* (algues) ou des clams.　みそ　こんぶ　かつお節　煮干　豆腐・わかめ

みつまめ 蜜豆　salade de fruits contenant des dés de gelée d'agar-agar (*kanten*), des haricots sucrés et du miel. On peut y ajouter de la pâte de haricots rouges sucrés ou des fruits.　寒天

みやまいり 宮参り　présentation d'un nouveau-né au temple *shinto*. Il est souhaitable que le bébé crie, de façon à être entendu du dieu tutélaire local. Pour la cérémonie, l'enfant,　神社

accompagné de ses parents, est en général tenu par sa grand mère paternelle.

みりん 味醂 saké sucré et épais, utilisé comme assaisonnement.

もち 餅 gâteaux en pâte de riz glutineux cuit à la vapeur et pilonné. Ils peuvent être fourrés de *an*, de haricots, ou d'armoise. La variété la plus populaire est le *kirimochi*, non fourré, de forme rectangulaire. On le passe au four, puis on l'assaisonne de sauce de soja et on le déguste avec une feuille de *nori* (algue séchée). あん 切りもち のり

もののあわれ beauté émouvante et mélancolique des choses. Idéal littéraire et esthétique cultivé pendant l'époque de Heian (794-1185). Le *mono no aware* est basé sur une appréciation de la beauté éphémère de la nature et de la vie humaine, souvent accompagnée d'une pointe de tristesse. 平安時代

やきいも 焼き芋 patate douce grillée au charbon de bois, très appréciée en hiver et souvent vendue par des marchands ambulants.

やきとり 焼き鳥 brochettes de poulet cuites au charbon de bois et enduites de sauce légèrement sucrée (*tare*). Presque toutes les parties du poulet sont utilisées. Les restaurants de *yakitori* (*yakitoriya*) sont en général bon marché et très populaires. たれ 焼き鳥屋

ゆかた 浴衣 *kimono* léger de coton pour l'été. Un *yukata* est fourni comme vêtement d'intérieur et d'extérieur aux clients des hôtels et auberges japonaises.

らくご 落語 monologue comique et mimé. Pour illustrer son récit, le conteur, en *kimono* et à genoux sur un coussin carré, n'a recours qu'à deux accessoires, un éventail et une serviette, qu'il utilise de façon très imaginative. 着物

ろうにん　浪人　*samouraï* sans maître de l'époque d'*Edo* (1603-1867). En 1703, eut lieu l'incident des 47 *ronin*, qui se donnèrent collectivement la mort après avoir vengé l'honneur de leur maître disparu. Aujourd'hui, élève ayant échoué au concours d'entrée à l'université et contraint de passer un an ou plus dans un établissement de bachotage en attendant le concours suivant.　侍　江戸時代

わがし　和菓子　pâtisseries japonaises à base de riz, de farine de blé, de haricots rouges et d'agar-agar (*kanten*), représentatives des saisons. Les plus typiques sont le *sakura-mochi*, *mochi* enveloppé dans une feuille comestible de cerisier ou encore le *kashiwa-mochi*, enveloppé dans une feuillle de chêne.　寒天　桜もち　柏もち

わさび　山葵　moutarde verte, fait à partir de racine de raifort rapée. Condiment servi avec les *sashimi* et le *sushi*.　さしみ　寿司

わし　和紙　papier japonais fabriqué à la main, aux fibres souvent apparentes.

わび・さび　le *wabi* est un principe esthétique et moral basé sur la sérénité et la tranquillité de l'âme dans une simplicité extrême. C'est le principe sur lequel repose la cérémonie du thé, le *waka* et le *haiku*. Le *sabi*, également un principe esthétique et moral, combine l'âge, la solitude, la résignation et la tranquillité à un fond de culture populaire de l'époque d'*Edo*.　和歌　俳句　江戸時代

あとがき

　この本の構想は，雑誌「ふらんす」に1987年7月号から88年3月号まで，「フランス語で手紙を書いてみませんか」という連載をしたときまで遡ります．その後，一冊の本としてまとめる作業は遅々として進まず，もうほとんどあきらめていた昨年の秋，白水社編集部の及川直志氏から，もう一度執筆を勧められました．そのとき，エマニュエル・ボダンさんが共同執筆者となることを快く引き受けて下さり，お二人のおかげで，この度刊行の運びとなりました．心から感謝したいと思います．とくに及川直志氏には，多くの適切な助言をいただきました．厚く御礼申し上げます．
　さらに，様々な貴重な情報を提供して下さった先生方，俳句の翻訳をご担当いただいたブリジット・アリューさん，そして，数年前の原稿の段階でお世話になった在仏の友人 Madame Michèle Laforge に深く感謝の意を表したいと存じます．
　なお執筆にあたっては，主として，フランス語手紙文と巻末の日本紹介ミニリストはボダンさんが，その他の部分は高山が担当いたしました．いたらぬ点，ご叱正いただければ幸いでございます．

1997年秋　　高山　晶

　気がつくと初版から8年がすぎていました．この歳月の間に，世界の大きなうねりの中で，この本のテーマのひとつ「日本の社会風景」にも様々な変化がありました．メールやケイタイの普及は無論のこと，ルーズソックスの女子高生はほとんど姿を消し，大学生は（たぶん）以前よりは勉強するようになり，卒業式では「蛍の光」はもうあまり歌われないとか，そして，8年前にも外国出身力士の大活躍はありましたが，お相撲取りの平均体重はなぜかこの間に10キロも減りました．«mondialisation»（グローバリゼーション，世界化）という語彙もすっかり定着しました．今は，日本もフランスも世界中がこの «mondialisation» という大きな波に洗われているのでしょう．この本のもうひとつのテーマ「日本の伝統行事」まで荒波にさらわれてしまわないように，と願いつつ，登場人物の年齢はそのままに，今回は小さな改訂にとどめてあります．お気づきの点をご指摘いただければ幸いです．

2005年秋　　著者

著者紹介
高山　晶（たかやま　あき）
　慶応義塾大学助教授
　主要著書・訳書
　「新版フランス会話手帳」
　　F. ドルト「ほんとうのお父さんがいたのよ　ドルト先生の心理相談」
　　M. ドニュジエール「めいわく犬」（共訳）

エマニュエル・ボダン（Emmanuelle BODIN）
　慶応義塾大学講師、NHK国際放送局アナウンサー
　主要著書
　「プチロワイヤル和仏小辞典」（共著）
　「フランス語会話　とっさの一言辞典」

フランス語手紙の12か月（改訂版）

2005年10月30日　印刷
2005年11月20日　発行

著　者　ⓒ　高　山　　　晶
　　　　　　エマニュエル・ボダン

発行者　　　川　村　雅　之
印刷所　　　開成印刷株式会社

発行所　101-0052　東京都千代田区神田小川町3の24
　　　　電話 03-3291-7811（営業部）,7821（編集部）　　株式会社白水社

振替　00190-5-33228　　　　　　　Printed in Japan　加瀬製本

ISBN 4-560-00332-7

Ⓡ〈日本複写権センター委託出版物〉
　本書の全部または一部を無断で複写複製（コピー）することは、著作権法上で
の例外を除き、禁じられています。本書からの複写を希望される場合は、日本複
写権センター（03-3401-2382）にご連絡ください。

●市川慎一 著
フランス語の手紙
パーソナルレター実例集．第1部で手紙の様式に関する規則を簡潔に整理し，第2部では「初めての手紙・文通」を導入として「祝う」「知らせる」など注を付した実例を動機別に分類．
●B6判　246頁■定価1995円（本体1900円）

●松原秀治／松原秀一 著
フランス語らしく書く ◎仏作文の考え方◎
第1部でやさしい文章の仏訳を試みながら文法知識を再整理し，作文の考え方の要点を学び，第2部で日仏語の文体の比較から，フランス語文体の特徴を分析し，その発想法を検証します．
●四六判　230頁■定価2730円（本体2600円）

●原田早苗／萩原芳子／水林 章／田島 宏著■田島 宏編
コレクションフランス語⑦書く【改訂版／CD付】
フランス語で「書く」ための具体的な技術を，実例と練習をまじえて伝授する1冊．目的にあった文章の書き方，表現モデルの増やし方などを経て，しめくくりは実例添削座談会．
●A5判　242頁　2色刷■定価2940円（本体2800円）

●原田早苗／室井幾世子／常盤僚子／ブリューノ・ペロン 著
もし，フランス語で暮らしたら？
朝の食卓から寝言まで，全18景の連ドラ式日常フランス会話集．日本語の家族会話がそのままフランス語に移されるバイリンガルの世界の中で，豊かな口語表現が身につきます．
●四六判　174頁　■定価1680円（本体1600円）

重版にあたり価格が変更になることがありますので，ご了承ください． 　　（2005年11月現在）